N⊿P *The Association for Natural Language Processing*

実践・自然言語処理シリーズ

一般社団法人 言語処理学会 編

編集委員：
佐藤理史・菊井玄一郎・関根 聡
山本和英・乾健太郎・森 辰則

第1巻 言語処理システムをつくる

佐藤理史 著

JN155665

近代科学社

◆ 読者の皆さまへ ◆

平素より，小社の出版物をご愛読くださいまして，まことに有り難うございます．

㈱近代科学社は 1959 年の創立以来，微力ながら出版の立場から科学・工学の発展に寄与すべく尽力してきております．それも，ひとえに皆さまの温かいご支援があってのものと存じ，ここに衷心より御礼申し上げます．

なお，小社では，全出版物に対して HCD（人間中心設計）のコンセプトに基づき，そのユーザビリティを追求しております．本書を通じまして何かお気づきの事柄がございましたら，ぜひ以下の「お問合せ先」までご一報くださいますよう，お願いいたします．

お問合せ先：reader@kindaikagaku.co.jp

なお，本書の制作には，以下が各プロセスに関与いたしました：

- 企画：小山　透
- 編集：高山哲司，安原悦子
- 組版：加藤文明社（LaTeX）
- 印刷：加藤文明社
- 製本：加藤文明社（PUR）
- 資材管理：加藤文明社
- カバー・表紙デザイン：川崎デザイン
- 広報宣伝・営業：山口幸治，冨髙琢磨，西村知也

本書に記載されている会社名・製品名等は，一般に各社の登録商標または商標です．本文中の ©，®，™ 等の表示は省略しています．

- 本書の複製権・翻訳権・譲渡権は株式会社近代科学社が保有します．
- JCOPY 〈(社)出版者著作権管理機構 委託出版物〉
  本書の無断複写は著作権法上での例外を除き禁じられています．
  複写される場合は，そのつど事前に(社)出版者著作権管理機構
  （電話 03-3513-6969，FAX 03-3513-6979，e-mail: info@jcopy.or.jp）の
  許諾を得てください．

実践・自然言語処理シリーズ
刊行にあたって

　現在の情報社会において，コンピュータ・アプリケーション（アプリ）やそれらによって実現されるサービスの多くは，なんらかの形で，日本語や英語で書かれたデータ，すなわち**自然言語データ**を扱っています．たとえば，Google に代表されるウェブ検索では，入力キーワードは自然言語データで，検索対象となるウェブページの大半も自然言語データです．Apple の Siri に代表される秘書機能アプリの入力インタフェースは音声ですが，システムの内部では，入力音声をテキストに変換し，そのテキストを処理しています．具体的には，ユーザーの要求をテキストから引き出し，その要求に合った情報を探し，得られた情報をテキスト形式の回答にまとめ，最後に音声に変換して出力します．自然言語データを巧みに処理するための技術である**自然言語処理技術**は，知的なアプリやサービスを実現する必須の技術となりつつあります．

　本シリーズでは，
- どのようなシステムで，どのような自然言語処理技術が使われているか
- 自然言語処理技術によって，どのようなシステムが実現可能か
- 自然言語処理技術は，社会とどのようにつながっているか

といった疑問に答えることを念頭に，自然言語処理を使ったアプリやサービスを作るという観点に立って，それらを実現するための理論や技術，および，実装に関するノウハウを示します．このような方針に基づき，本シリーズでは原則として，まず具体的なシステムや応用例を示し，次にそれらに関する理論や技術，実装のノウハウを示すという，普通とは逆の構成を採用します．

　本シリーズが主な読者として想定しているのは，自然言語処理を使ったアプリやサービスの実現を目指す技術者や開発者です．自然言語処理の研究者や技術者を志す学生，あるいは，メディア関連分野の技術者・開発者にとっても，実践的に役立つ情報が書かれています．

　「ことば＝自然言語」は，我々の知的活動と密接に結びついています．「ことば」を攻略することが，人間の知的活動を支援するシステムの実現の鍵であると言っても過言ではありません．本シリーズが，より知的な新しいアプリやサービスを考えるヒントとなることを願ってやみません．

言語処理学会「実践・自然言語処理」編集委員会

まえがき

　プログラミング言語の入門書をひととおり読んだだけでは，プログラムがすらすら書けるようにならないのと同じように，自然言語処理の教科書を読んだだけで，すぐに自然言語処理システムが作れるようになるわけではありません．教科書に書かれた情報や知識を理解することと，実際に動くもの（プログラムやシステム）を作ることの間には，とても大きなギャップがあります．しかし，そのギャップを埋める知識やノウハウは，あまり明示的に語られないようです．

　自然言語を処理対象としたシステム（本書では，**言語処理システム**と呼びます）を作るためには，多岐に渡った知識やノウハウが必要です．中核的知識は，自然言語処理と呼ばれる分野の知識ですが，それ以外にも，言語学やコンピュータ科学（とりわけ，プログラミングの関連分野）の知識が必要です．特に，日本語を対象とする場合，文字コードに関する知識は必須です．もちろん，これらの知識の学問的側面も重要ですが，これらの知識をうまく使いこなすための実践的なノウハウも同じように重要です．

　本書の最初の二つの章では，我々の研究室で作成し，実用化された言語処理システムを事例として紹介します．この二つの章は，「言語処理システムを作る」という過程のイメージを持ってもらうことを意図しています．言語処理システムが対象とする問題は，多くの場合，設定不良問題です．そのような問題にどのようにアプローチするかを，事例に即して述べました．

　第3章から第6章までの四つの章では，言語処理システムを作る際に知っておきたい最低限の知識とノウハウのうち，自然言語処理の教科書ではあまり紙面が割かれない内容を取り上げました．もちろん，これだけで十分と言うつもりは全くありません．学ぶべき対象と方向性，および，その導入部分を示しただけです．これらの章を手掛かりに，必要な知識を広げていっていただければと思います．

　本当の意味でのノウハウは，経験によってしか得られません．とにかく一つ，小さなシステムでいいですから，言語処理システムを作ってみてください．そして，言語処理システムを作る難しさと面白さを体験してみてください．「ことば」に興味のある方であれば，ハマること請け合いです．

　本書の出版に当たっては，次の方々にお世話になりました．編集委員の菊井玄一郎氏（岡山県立大学）と森辰則氏（横浜国立大学）には，原稿のドラ

フトをお読みいただき，有益なコメントを多数いただきました．丸山岳彦氏（専修大学）には，第3章に対して，ご専門の言語学・日本語学の立場からコメントをいただきました．近代科学社の小山透社長には，シリーズ全体の企画を含め，大変お世話になりました．ありがとうございました．

2017年1月
佐藤理史

目　次

まえがき v

第1章　システム事例1: 外国人名のカタカナ訳推定　　1

1.1　システムの実行例 1
1.2　背景 — 外来語のカタカナ表記 3
1.3　解くべき問題を分析する 4
1.4　システムの仕組み 6
1.5　学習用データの形式 7
1.6　アライメントをとる 8
1.7　外国人名翻訳例データの収集 12
1.8　システムの各国適応 15
1.9　この章のまとめ 15

第2章　システム事例2: テキストの難易度推定　　19

2.1　システムの実行例 19
2.2　背景 21
2.3　規準コーパス 23
2.4　システムの仕組み 24
2.5　スムージング 27
2.6　相関係数による評価 28
2.7　なぜ文字に固執するのか 29
2.8　BCCWJに基づく規準コーパス 30
2.9　この章のまとめ 32

第3章　言語に関する基礎知識　35

- 3.1 日本語を客観視する … 35
- 3.2 言語学の部門と言語単位 … 36
- 3.3 文字から語まで … 37
- 3.4 語の分類 … 40
- 3.5 文の成り立ち … 43
- 3.6 単文と複文 … 46
- 3.7 文章の構造 … 48
- 3.8 日本語の特徴 … 48
- 3.9 言語のゆらぎと変化 … 50
- 3.10 この章のまとめ … 51

第4章　形式言語とオートマトン　53

- 4.1 言語と文 … 53
- 4.2 正規表現 … 56
- 4.3 形式文法 … 57
- 4.4 正規文法 … 60
- 4.5 文脈自由文法 … 61
- 4.6 有限状態オートマトン … 64
- 4.7 Finite-State Transducer … 65
- 4.8 チョムスキーの階層 … 67
- 4.9 この章のまとめ … 68

第5章　言語統計と確率的言語モデル　71

- 5.1 n-gram 統計 … 71
  - 5.1.1 タイプとトークン … 71
  - 5.1.2 n-gram … 72
- 5.2 二つの経験則 … 74
  - 5.2.1 Zipf の法則 … 74
  - 5.2.2 Luhn の知見 … 76

5.3　言語統計の実際 78
5.4　確率的言語モデル 79
　　5.4.1　マルコフ過程とマルコフモデル 80
　　5.4.2　n-gram モデルの作成 80
　　5.4.3　言語モデルの利用 84
5.5　この章のまとめ 85

第6章　システム実装の基礎知識　　87

6.1　文字コード 87
　　6.1.1　文字コードセット 88
　　6.1.2　文字符号化方式 90
　　6.1.3　Unicode 93
　　6.1.4　注意すべきこと 95
6.2　よく使うデータ構造 96
　　6.2.1　文字列 96
　　6.2.2　配列 97
　　6.2.3　リスト 97
　　6.2.4　ハッシュテーブル 98
　　6.2.5　木構造 98
　　6.2.6　グラフ 99
　　6.2.7　オブジェクト 100
6.3　文字列照合と置換 100
　　6.3.1　正規表現パターン 101
　　6.3.2　照合とアンカー 102
　　6.3.3　置換 102
6.4　よく使うアルゴリズム 104
　　6.4.1　探索アルゴリズム 104
　　6.4.2　動的計画法 108
　　6.4.3　文字列のソート 111
6.5　言語処理ツールと言語資源 114
　　6.5.1　形態素解析システム 114
　　6.5.2　構文解析システム 114

- 6.5.3 辞書 115
- 6.5.4 コーパス 115
- 6.6 ウェブとの連携法 116
- 6.7 この章のまとめ 118

追　補　121

参考文献　123

索　引　127

第1章

システム事例1:
外国人名のカタカナ訳推定

本章では,言語処理システムの最初の事例として,英語アルファベット[1]で表記された外国人名に対して,そのカタカナ訳を推定するシステムを取り上げます.まず,システムの実行例を示した後,システム開発の背景とシステム実装の具体的な方法について述べます.

[1] 英語の表記に用いる a から z の 26 種類のラテン文字を,本章では「英語アルファベット」と呼ぶことにします.

1.1 システムの実行例

図1.1に,システムの実行例を示します.このシステムは,入力された英語アルファベット表記の単語((a)の場合は,"Stephen")に対して,カタカナ訳の候補を,順位をつけて五つ表示します(実行結果(b)).この例では「スティーブン」が1位になっていますが,ホラー小説で有名なアメリカの作家 "Stephen King" は,「スティーヴン・キング」と綴られることが多いようです.「ヴ」は「ウ濁音」と呼ばれることがあります.

実行例(c)の "Peter" は,ヨーロッパでは,比較的よく見られる名前です.英語では「ピーター」ですが,ドイツ語では「ペーター」,ハンガリー語やポーランド語では「ペーテル」と訳すのが普通のようです.単語だけからでは,原言語を推定することはできないので,その人物の国籍などに基づいて推測することになります.本システムでは,英語アルファベット表記の単語以外に,国名を IOC コード[2]で入力する仕様となっています[3].国名は最大三つまで指定できるようになっています.

[2] オリンピックで使用される国名コードです.
[3] XYZ は,世界全体を表す便宜的なコードです.

1 システム事例 1: 外国人名のカタカナ訳推定

外国人名のカタカナ表記推定

下記のボックスに入力されたアルファベット表記の外国人名の、カタカナ表記を推定します。

Name Word: Stephen
Country (1): world - - - 英語
Country (2): 指定せず
Country (3): 指定せず
辞書検索 ○あり ●なし
[カタカナ表記推定]

(a) 入力ページ

推定結果 – stephen

国	world
IOCコード	XYZ
言語	英語
表記推定1	スティーブン
表記推定2	スティーヴン
表記推定3	ステファン
表記推定4	ステフェン
表記推定5	ステーブン

(b)

推定結果 – peter

国	world	ドイツ	ポーランド
IOCコード	XYZ	GER	POL
言語	英語	ドイツ語	ポーランド語
表記推定1	ピーター	ペーター	ペーテル
表記推定2	ペター	ピーター	ペテル
表記推定3	ペーター	ペター	ペーター
表記推定4	ペテル	パター	ペター
表記推定5	ピター	ペッター	ピーター

(c)

推定結果 – djokovic

国	world	セルビア
IOCコード	XYZ	SER
言語	英語	セルビア語
表記推定1	ジョコヴィッチ	ジョコヴィッチ
表記推定2	ジョコヴィック	ジョーコヴィッチ
表記推定3	ドジョコヴィッチ	ドヤコヴィッチ
表記推定4	ジョコビッチ	ジョコビッチ
表記推定5	ジョーコヴィッチ	ドゥヤコヴィッチ

(d)

推定結果 – video

国	world
IOCコード	XYZ
言語	英語
表記推定1	ヴィデオ
表記推定2	ビデオ
表記推定3	ヴァイデオ
表記推定4	ヴィディオ
表記推定5	ヴィーデオ

(e)

図 1.1 システムの実行例

実行例 (d) の "Djokovic" は，セルビア出身の有名なテニス選手の苗字です[4]．セルビア語では，英語アルファベットには存在しない文字を使って，"Đoković" と綴られます．これらの例からわかるように，英語アルファベットで表記されているからといって，原言語が英語だとは限りません．

このシステムは，名前（姓や名）のカタカナ訳を推定することを主目的と

[4] 「ジョコビッチ」と「ジョコヴィッチ」の両方のカタカナ表記が使われています．

していますが，それ以外の単語に対しても動作します（実行例 (e)）．

1.2 背景 — 外来語のカタカナ表記

　日本語では，外国語の固有名詞をカタカナで表記します．より正確には，その固有名詞の原言語での発音に近いカタカナ列で表記します．たとえば，アメリカ合衆国の第 44 代大統領 "Barack Obama" は，「バラク・オバマ」と表記します．これは，発音または綴りに基づく一種の翻訳であり，**トランスリテレーション**(transliteration) と呼ばれます．トランスリテレーションは，異なる表記体系（文字体系）を持つ言語間の翻訳では，よく見られる現象です．ちなみに，トランスリテレーションの日本語訳は定まっていません．字訳，音訳，翻字などの用語がありますが，どれもそれほど定着していません．

　言語処理において，固有名詞の扱いはやっかいです．なぜならば，時間の経過とともに，新たな固有名詞が出現するので，あらかじめすべてを列挙しておくことができないからです．機械翻訳では，当然，固有名詞も翻訳しなければなりませんが，そのカタカナ訳を，前もってすべて辞書に登録しておくことは不可能です．そのため，トランスリテレーションの自動化が求められることになります．

　コンピュータを用いた**自動トランスリテレーション**(machine transliteration) は，比較的よく研究がなされている分野です．Knight と Graehl の有名な論文 [1][5] 以降，いろいろな言語対に対して，多くの論文が出版されています．英語と日本語間のトランスリテレーションに関する論文は，主要な国際会議で発表されたものだけでも，10 件以上あります．しかしながら，この技術は，これまで実際の翻訳の現場ではほとんど使われませんでした．

　日本で最も切実に，自動トランスリテレーションを必要としている業界は，放送業界や新聞業界です．特に，オリンピックやワールドカップのような巨大スポーツイベントでは，中継放送や新聞での報道に備えて，前もって参加者名簿を翻訳します．たとえば，最近の夏のオリンピックでは，200 以上の国や地域から 1 万人以上の選手や役員が参加します．国際オリンピック委員会 (IOC) は，英語表記の参加者名簿を約 1 カ月前に公表します[6]．テレビの実況中継では，アナウンサーが選手の名前を読み上げる必要がありますし，参加選手の中の誰が活躍するかは前もってわかりませんから，参加者名簿に含まれるすべての人物に対して，名前のカタカナ訳（読み）を，あらあじめ準備

[5] この論文は，日本語のカタカナ表記から元の英語表記を求めるというトランスリテレーションの逆方向 (back transliteration) を扱っています．

[6] 実際には，これは暫定版で，その後，修正情報が適宜提供されます．

しておく必要があります．時間が限られていること，対象となる国や言語が多数であること，人数が多いこと，この3点において，巨大スポーツイベントの参加者名簿の翻訳は非常に苛酷と言わざるを得ません．その作業の一部を支援できないか，ということで，1.1節に示したシステムが計画されました．

1.3 解くべき問題を分析する

外国人名のカタカナ訳の推定は，一見，それほど複雑には見えないかもしれません．しかしながら，実は，次のような問題があります．

- すでにその人物に対して，広く使われているカタカナ訳が存在する場合は，その訳を採用しなくてはならない．このためには，**人物の同定**（同一人物かどうかの判定）が必要となる．
- 一人の人物に対して，広く使われているカタカナ訳は一つとは限らない．その場合，その中のどれを採用するか，決めなければならない．

たとえば，「ローマの休日」で有名な女優 Audrey Hepburn に対しては，「オードリー・ヘプバーン」または「オードリー・ヘップバーン」という訳が定着していますので，これらのどちらかを使う必要があります．しかし，ローマ字の作成に寄与した James Curtis Hepburn は，ヘボン式ローマ字というぐらいですから，「ジェームス・カーティス・ヘボン」という訳を使う必要があります．この二人の苗字は同一表記 Hepburn ですが，だからといって，同じカタカナ訳を使うことはできません．

カタカナ訳が複数ある人物もたくさんいます．たとえば，テニス選手の Andy Murray は，「アンディ・マレー」と「アンディ・マリー」の両方が使われています．さらに，同じテニス選手の Stan Wawrinka は，「スタン・バブリンカ」と「スタン・ワウリンカ」の両方が使われています．

このような現象は，「日本語は表記に寛容な言語である」という事実と関連があると思われます（⇒ 3.8節）．「表記に寛容」とは，複数の表記を許すということです．たとえば，「たとえば」は，このようにひらがなで書いてもいいし，漢字を使って「例えば」と書いてもいいわけです．カタカナ訳の場合も，「コンピュータ」と「コンピューター」の両方が許容されます．日本語では，表記を統一することに重きを置かないと同時に，どの表記を使うかは書き手の自由だという考えが根強くあります．これは，言語処理にとって，大

きな障害となります．

　カタカナ訳がすでに存在するかどうかの判定は，狭義では言語処理の問題ではありません．人物を同定するという問題と，いま，日本の現状がどうなっているかという現状認識の問題です．しかしながら，カタカナ訳を決める際には，このような問題を解かなければなりません．実際，人間の翻訳者が行っている翻訳作業の一部は，このような確認作業なのです．

　では，これまでにカタカナ訳が存在しない人物のカタカナ訳を決める場合は，どうでしょうか．実は，この場合も，一筋縄ではいきません．

- 名前を構成する単語は，表記上同一であったとしても，言語によって発音が異なる．そのため，それに即したカタカナ訳を付与する必要がある．
- 一般に，外国語の発音には，日本語には存在しない音が含まれる．そのような音は，日本語に存在する比較的よく似た音で近似する必要がある．この近似の仕方には，いくつかの選択肢がある．

　最初の問題は，Peter を「ピーター」「ペーター」「ペーテル」のどれに訳すべきかという問題です．スポーツ選手の場合は，ほとんどの場合，国籍が判明していますから，その情報が使えます．しかしながら，小説などに出現する人名は，たとえ，その小説が英語で書かれていたとしても，その登場人物がドイツ人であれば，ドイツ語読み（「ペーター」）を採用するのが普通です．「原言語の発音にできるだけ合わせる」というのが，原則です．

　後者の問題は，「マレー」「マリー」問題です．原言語の発音は，イとエの中間のような音で，この音は日本語にはありません．ですから，イかエで代用しなければならないのですが，そのどちらが適切なのかを合理的に決める方法はありません．つまり，Murray という語に対してカタカナ訳が決まっていない状況において，正解のカタカナ訳というものは，そもそも「ない」のです．「マレー」でもいいし，「マリー」でもいいのです．その後，いずれかの訳が定着したのであれば，初めて，定着した訳を使う必要が生じます．

　このように，外国人名のカタカナ訳の推定問題は，かなり複雑な問題です．ですので，この章では，その一部を切り出すことにします．具体的には，名前を構成する語，たとえば Djokovic に対して，そのカタカナ訳を推定するという問題のみに集中します．主な応用として，スポーツイベントの名簿の翻訳を想定し，翻訳対象の人物の国籍はわかっていることを前提とします．

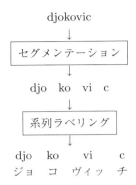

図 1.2　カタカナ訳推定問題の解き方

1.4　システムの仕組み

　本章の冒頭で示したシステムは，MeCab と呼ばれるシステムによって実装されています．MeCab（⇒ 本シリーズ第 2 巻）は，日本語の文を語に区切ると同時に，それらの語に品詞等の情報を付与するシステムです．このようなシステムは，**形態素解析システム**と呼ばれます（⇒ 6.5.1 項）．

　MeCab は形態素解析システムとして知られていますが，記号列を処理する一般的な機能を持っています．具体的には，

1. **セグメンテーション** (segmentation) — ある記号列をいくつかの部分に分割する機能
2. **系列ラベリング** (sequence labeling) — ある系列の各要素に対して，順番に適切な記号を割り当てる機能

を持ち，かつ，これらを同時に実行することができます．カタカナ訳の推定では，これらの機能を利用します（図 1.2）．

　さらに，MeCab は，入力をどのような部分に分割するか，それらにどのようなラベルを付与するかを，大量の具体例から学習することができます（**学習機能**と呼ばれます）．つまり，大量の具体例を準備することができれば，MeCab を使ってカタカナ訳を推定するシステムを構成することができます．

　本章の冒頭で示した実行例（図 1.1）は，ウェブインタフェース（⇒ 6.6 節）を通してシステムを動作させた例ですが，その裏では，図 1.3 に示すような形式で，MeCab が動いています．この実行例 (a) を見ると，入力された djokovic

```
% echo 'djokovic' | mecab -d mecab.dic/XYZ
djo     ジョ,jdo,00
ko      コ,ko,00
vi      ヴィッ,vi,10
c       チ,c,00
EOS
%
```
(a) 部分対応を表示させた場合

```
% echo 'djokovic' | mecab -d mecab.dic/XYZ -O katakana -N 5
ジョコヴィッチ
ジョコヴィック
ドジョコヴィッチ
ジョコビッチ
ジョーコヴィッチ
EON
%
```
(b) 五つの候補を出力させた場合

図 1.3　MeCab の実行

がどのように分解され，そのそれぞれにどのようなカタカナが割り当てられたのかわかると思います．MeCab には，複数の候補を出力させるモードがあり，かつ，表示形式を自由に変更できます．これらの機能を使うと，実行例 (b) のように，入力に対して五つのカタカナ訳候補を出力させることができます．

1.5　学習用データの形式

いま，カタカナ訳の具体例として，図 1.4(a) があるとします．しかしながら，これをこのままの形で MeCab の学習用データとして使うことはできません．図 1.4(b) のように，部分対応を明確にした形に変換する必要があります．

一般に，二つの記号列の間の部分対応を決めることを，「アライメント(alignment) をとる」と言います．これは，カタカナ訳の自動推定を実現する最も重要な部分なので，次節で詳しく述べます．

それぞれの対訳に対して適切なアライメントを求めて，その情報を付与し，最終的に形を整えると，MeCab の学習データが完成します．もちろん，アライメントの情報だけでも学習は可能なのですが，ここでは，部分対応に，も

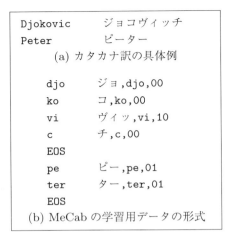

図 1.4 対訳例と学習用データ

う少し情報を付与することにしました．具体的には，カタカナ側に促音「ッ」と長音符号「ー」が存在するか否かの情報（属性）を付与しました[7]．このような属性を追加したのは，カタカナへのトランスリタレーションにおいては，促音や長音の選択が非常に難しいからです．そのため，学習器にそれらの情報を明示的に示し，適切な形で学習されるように目論みました．

[7] 学習データの各行の最後に記述されている 2 桁の数字は，この情報です．最初の数字が促音の有無，次の数字が長音の有無を表します．

1.6 アライメントをとる

対訳のアライメントを推定する問題は，**弾性マッチング**(elastic matching) と呼ばれる問題の一種です[8]．概念的には，図 1.5 のように，対応するもの同士に線を引く問題と考えればいいでしょう．ただし，線は交差してはいけません．

アライメントは，次のような方法で求めます．

1. 可能な部分対応に非負のスコアを定義する．たとえば，「djo:ジョ」は 150 点，のようにスコアを定義する．
2. 二つの記号列のアライメント（弾性マッチング）は，部分対応の列とみなすことができるので，それらのスコアの総和を，そのアライメントのスコアと定義する．図 1.5 の例の場合，アライメントは，「djo:ジョ」，「ko:コ」，「vi:ヴィッ」，「c:チ」の四つの部分対応から構成されているので，こ

[8] 文献 [2] の 8.2 節にわかりやすい説明があります．

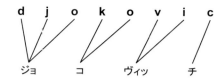

図 1.5 アライメント（弾性マッチング）

れらの部分対応のスコアの総和を，このアライメントのスコアとする．
3. 可能なアライメント（可能な部分対応で，全体を覆える）のうち，スコア最大のものを求め，これを妥当なアライメントとして採用する．

この方法の最後のステップは，動的計画法（⇒ 6.4.2 項）で解くことができます．

　この方法の実装で頭を使わなければならない部分は，最初のステップ，すなわち，どうやって可能な部分対応を定義し，かつ，そのそれぞれに適切なスコアを定義すればよいか，です．それを考える前に，まず，対象となる文字列をはっきりさせましょう．

　入力側は，英語アルファベットです．ここでは，大文字はすべて小文字に標準化することにして，'a' から 'z' の 26 文字のみが使われると想定します．もちろん，それ以外の文字（たとえば，ハイフォン '-'）が使われる場合もあるのですが，今回は無視することにします．正規表現パターン（⇒ 6.3 節）を用いると，入力文字列は，/^[a-z]+$/ にマッチする文字列です．

　出力側はカタカナです．外来語の表記に使うカタカナに関しては，「外来語の表記（平成 3 年 6 月 18 日）内閣告示第二号」[3] という公式のガイドラインがあるのですが，残念ながら，実際に使われているカタカナ表記を十分に反映しているとは言えません．そこで，他の資料なども参考にしながら，人名の表記に使用できるカタカナ文字および小書き文字を表 1.1 のように定めました．小書き文字は「ッ」を除き，直前の文字とセットとして定義しました．同時に，これらの 1 文字および 2 文字カタカナ表記に対して，独自のローマ字記法（絣式ローマ字）を定めました．

　なぜローマ字記法を定めたかというと，英語アルファベット文字列とカタカナ文字列との間で直接アライメントをとる方法を採用せず，ローマ字文字列を介してアライメントをとる方法を選んだからです．図 1.6 に示すように，英語アルファベット文字列とカタカナ文字列とでアライメントをとるよりも，英語アルファベット文字列とローマ字文字列とでアライメントをとるほうが，

表 1.1　絣式ローマ字

ア	/a/	イ	/i/	ウ	/u/	エ	/e/	オ	/o/
ヤ	/ja/			ユ	/ju/	イェ	/je/	ヨ	/jo/
ワ	/wa/								
ウァ	/wa/	ウィ	/wi/			ウェ	/we/	ウォ	/wo/
カ	/ka/	キ	/ki/	ク	/ku/	ケ	/ke/	コ	/ko/
キャ	/kja/			キュ	/kju/	キェ	/kje/	キョ	/kjo/
クァ	/kwa/	クィ	/kwi/			クェ	/kwe/	クォ	/kwo/
ガ	/ga/	ギ	/gi/	グ	/gu/	ゲ	/ge/	ゴ	/go/
ギャ	/gja/			ギュ	/gju/	ギェ	/gje/	ギョ	/gjo/
グァ	/gwa/	グィ	/gwi/			グェ	/gwe/	グォ	/gwo/
サ	/sa/	スィ	/si/	ス	/su/	セ	/se/	ソ	/so/
シャ	/1a/	シ	/1i/	シュ	/1u/	シェ	/1e/	ショ	/1o/
ザ	/za/	ズィ	/zi/	ズ	/zu/	ゼ	/ze/	ゾ	/zo/
ジャ	/3a/	ジ	/3i/	ジュ	/3u/	ジェ	/3e/	ジョ	/3o/
タ	/ta/	ティ	/ti/	トゥ	/tu/	テ	/te/	ト	/to/
				テュ	/tju/				
チャ	/ca/	チ	/ci/	チュ	/cu/	チェ	/ce/	チョ	/co/
ツァ	/2a/	ツィ	/2i/	ツ	/2u/	ツェ	/2e/	ツォ	/2o/
ダ	/da/	ディ	/di/	ドゥ	/du/	デ	/de/	ド	/do/
				デュ	/dju/				
ハ	/ha/	ヒ	/hi/			ヘ	/he/	ホ	/ho/
ヒャ	/hja/			ヒュ	/hju/	ヒェ	/hje/	ヒョ	/hjo/
フャ	/fja/			フュ	/fju/			フョ	/fjo/
ファ	/fa/	フィ	/fi/	フ	/fu/	フェ	/fe/	フォ	/fo/
ヴァ	/va/	ヴィ	/vi/	ヴ	/v/	ヴェ	/ve/	ヴォ	/vo/
ヴャ	/vja/			ヴュ	/vju/			ヴョ	/vjo/
ビャ	/bja/			ビュ	/bju/	ビェ	/bje/	ビョ	/bjo/
バ	/ba/	ビ	/bi/	ブ	/bu/	ベ	/be/	ボ	/bo/
パ	/pa/	ピ	/pi/	プ	/pu/	ペ	/pe/	ポ	/po/
ピャ	/pja/			ピュ	/pju/	ピェ	/pje/	ピョ	/pjo/
マ	/ma/	ミ	/mi/	ム	/mu/	メ	/me/	モ	/mo/
ミャ	/mja/			ミュ	/mju/	ミェ	/mje/	ミョ	/mjo/
ラ	/ra/	リ	/ri/	ル	/ru/	レ	/re/	ロ	/ro/
リャ	/rja/			リュ	/rju/	リェ	/rje/	リョ	/rjo/
ナ	/na/	ニ	/ni/	ヌ	/nu/	ネ	/ne/	ノ	/no/
ニャ	/nja/			ニュ	/nju/	ニェ	/nje/	ニョ	/njo/
ン	/0/								
ッ	/!/								
ー	/=/								
・	/@/								

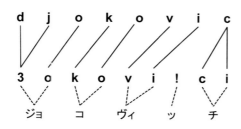

図 1.6 ローマ字を介したアライメント

より小さな単位で部分対応をとることができるので，可能な部分対応の種類を抑えることができます．なお，「ッ」は，入力側に対応する文字がないのが普通です．

　ヘボン式ローマ字や訓令式ローマ字を使用せず，独自のローマ字表記を採用したのは，音をより忠実に表記するようにするためと，子音字を 1 文字に限定することで，(アライメントをとる) プログラムを簡素化するためです．絣式ローマ字は，次の文字から構成されています．

1. 母音字 — /a/, /i/, /u/, /e/, /o/
2. 半母音字 — /j/, /w/
3. 子音字 — /k/, /g/, /s/, /1/, /z/, /3/, /t/, /c/, /2/, /d/, /h/, /f/, /v/, /b/, /p/, /m/, /r/, /n/
4. 特別な文字・記号 — /0/, /!/, /=/, /@/

　たとえば，「タ行」の「タ /ta/」と「チ /ci/」と「ツ /2u/」は，それぞれ子音が異なります．「タ /ta/」の母音がイ音 /i/ に交替したら，それは「チ /ci/」ではなく「ティ /ti/」です．これらの関係が直接的に表現されるような体系として設計してあります．

　現時点で，アルファベット文字列と絣式ローマ字文字列間で可能な部分対応として定義されているものは 1000 種類以上あります．これらは，すべて，実例の調査に基づいて人手で定義しました．可能な部分対応の種類がこのように多くなってしまう原因は，英語だけでなく，英語アルファベットで表記される多くの言語の語に対応するためです．たとえば，ジョコヴィッチの例に出てくる「dj:3」という対応は，英語のみを対象とする場合はおそらく不要でしょう．

　部分対応のスコアは，最初は人間が決めていたのですが，数が多くなった

表 1.2　アライメントの実行例

アルファベット	カタカナ	ローマ字	アライメント
abdul	アブドゥル	abuduru	a:a b:bu d:d u:u l:ru
azzedine	アッゼディーン	a!zedi=0	a:a :! zz:z e:e d:d i:i ne:0
badreddine	バドレディヌ	badoredinu	b:b a:a d:do r:r e:e dd:d i:i ne:nu
bouraada	ブーラーダ	bu=ra=da	b:b ou:u= r:r aa:a= d:d a:a
haciane	アシアン	a1ia0	ha:a c:1 i:i a:a ne:0
davtyan	ダフチャン	dafuca0	d:d a:a v:fu t:c ya:a n:0
baumgartner	バウムガルトナー	baumugarutona=	b:b a:a u:u m:mu g:g a:a r:ru t:to n:n er:a=
bernholm	バーンホルム	ba=0horumu	b:b er:a= n:0 h:h o:o l:ru m:mu
cabecinha	カベシーニャ	kabe1i=nja	c:k a:a b:b e:e c:1 i:i= n:n h:j a:a

ので自動的に決定することにしました．一般に，母音よりも子音のほうが音が保存されやすいので，その部分対応に含まれる子音字に対して 100 点，それ以外の文字に対して 50 点とし，それらを加算したものを部分対応のスコアとしています[9]．プログラムで付与したアライメントの具体例を，表 1.2 に示します．

なお，アライメントが付与されていない大量の翻訳対から，アライメントの取り方を自動的に学習する方法（統計的機械翻訳でよく用いられます）もありますが，我々が試みた限りでは，名前を表す単語の部分対応の推定に対しては，よい結果は得られませんでした．

1.7　外国人名翻訳例データの収集

残った問題は，どうやって多くの実例を集めるかという問題です．一般に，機械学習によって高性能のシステムを構成するためには，多くの実例が必要です．この「多くの」が意味する数は，最低でも万のオーダーであるのが普通です．ミリオン（百万）以上のオーダーであることも珍しくありません．大量の実例を集めることができないのであれば，機械学習を使うのではなく，他の方法（人間がルールを書く方法）を検討したほうがよいと思われます．

幸いなことに，それまでの研究によって，手元に 20 万件以上の外国人名のフルネームの対訳がありました．より正確には，手元にこのようなデータがあったので，これまで説明してきた方法を採用することにしたのです．手元に，このデータがなければ，違う方法を考えていたと思います．

[9] 実際は，短い部分対応よりも長い部分対応を優先させるようにするために，もう少し複雑な方法で部分対応のスコアを決定します．

このデータは，数年がかりのプロジェクトによって生み出されました．大まかな手順は，次のようなものです．

1. まず，日本語の新聞記事からカタカナ表記の外国人名候補を抽出します．具体的には，「カタカナ列・カタカナ列」という文字列をすべて抜き出します．
2. 次に，ウェブを利用して，それらの文字列の原言語表記を推定します[4]．具体的には，検索エンジンを利用して，そのカタカナ文字列が出現するウェブページを取得し，その文字列の近くに出現するアルファベット文字列を取り出します．このアルファベット文字列とカタカナ文字列間で，妥当なアライメントが取れれば，原言語表記の候補とします．再度，検索エンジンを用いて，カタカナ文字列と原言語表記の候補の両方を含むウェブページの数を求め，それが一定数以上であれば，それらをフルネーム対訳候補とします．
3. この作業と同時に，ウェブページから「カタカナ列・カタカナ列」という文字列を抽出し，これを新たなカタカナ表記候補とし，上記のステップを適用します．つまり，芋づる式に，フルネーム対訳候補を収集します[5]．
4. 最終的に，得られた大量のフルネーム対訳候補に人名フィルタ[6]を適用し，十分に人名らしいと判定されたものをフルネーム対訳として採用します．

このような方法で，数十万件のフルネーム対訳を収集しました．これに，再度，色々な方法を適用してゴミを除去し，最終的に約20万件のデータを作成しました．

ちなみに，このデータ収集の最終目的は，外国人名対訳辞書の編纂[7]でした．辞書編纂の最大の問題は，どのようにして見出し語集合を決めるかという問題です（⇒ 本シリーズ第8巻）．最終的に編纂した辞書の一部を，図1.7に示します．

この図に示すように，このとき収集した対訳はフルネームで，かつ，使用するアルファベットも英文字26文字だけでなく，発音記号付きの文字（たとえば，éやü）も含まれます．そのため，このような文字が含まれているものは除外し，かつ，フルネームを単語に分解して，システムの学習に利用しました．最終的に使用した単語単位の対訳例は約13万件で，そのうち，約12万件を学習データとして，約1万件を評価用データとして用いました．

Aure				75		Austin
				*Louie Austen	ルイ・オースティン	
Aure Atika [L7]*		▷▷オーレ・アッティカ [F6]		──────	▷▷オーステン [F6]	
Aurea Cruz [f8]		▷▷アウレア・クルス [F7]		Austen Chamberlain	オーステン・チェンバレン	
Aurel [f9,m9]		▷▷オーレル [F4,L4]		**Auster** [L7]	▷▷オースター [L4]	
Aurel Joliat		オーレル・ジョリア		Islin Auster	イスリン・オースター†	
*Aurel Stein		オーレル・スタイン		**Paul Auster	ポール・オースター	
*Jean Aurel		ジャン・オーレル		Sophie Auster	ソフィー・オースター	
Marc Aurel		マーク・オーレル		**Austerberry**, Paul D. [L7]	▷▷オースタベリー，ポール・D [L7]	
Aurèle Nicolet [m9]*		▷▷オーレル・ニコレ [F5]				
Aureli, Andrea [L8]		▷▷オーレリ，アンドレ† [L6]		**Austin** [L0,f8,m1]	▷▷オースティン [L0,F0]	
Aurélia Bellet [L8,f7]		▷▷オーレリア・ベレ [F4]		*Austin Pendleton	オースティン・ペンドルトン	
Aureliano Torres [m9]*		▷▷アウレリアーノ・トーレス [F6]		**Austin Powers	オースティン・パワーズ	
Aurélie (Aurelie) [f9]		▷▷オーレリー [F4]		*Austin Williams	オースティン・ウィリアムズ	
Aurelie Claudel		オーレリー・クローデル		Alan Austin	アラン・オースティン	
*Aurélie Dupont		オーレリー・デュポン‡		Alana Austin	アラナ・オースティン	
Aurelien [L8]		▷▷オレリアン [F5]		*Albert Austin	アルバート・オースティン	
Aurelien Clerc		オレリアン・クレール		Alex Austin	アレックス・オースティン	
Aurelien Wiik		オレリアン・ヴィイク		Carl Austin	カール・オースティン	
		オレリアン・ウィイク‡†		*Charles Austin	チャールズ・オースティン‡	
Aurelio (Aurélio) [L6,m8]		▷▷アウレリオ [L2,F2]		*Denise Austin	デニス・オースティン	
Aurelio Grimaldi		アウレリオ・グリマルディ		Derek Austin	デレク・オースティン	
Aurelio Selles		アウレリオ・セジェス		Ernest Austin	アーネスト・オースティン	
*Aurelio Vidmar		アウレリオ・ヴィドマー		Francine Austin	フランシーヌ・オースティン	
Agnes Aurelio		アグネス・アウレリオ		Frank Austin	フランク・オースティン	
*Fabio Aurelio		ファビオ・アウレリオ		Frederic Austin	フレデリック・オースティン	
Marc Aurelio		マーク・アウレリオ		Gene Austin	ジーン・オースティン	
*Marco Aurelio		マルコ・アウレリオ		*Glenda Austin	グレンダ・オースティン	
*Marcos Aurelio		マルコス・アウレリオ		Greg Austin	グレッグ・オースティン	
*Marcus Aurelio		マーカス・アウレリオ		Heather Austin	ヘザー・オースティン	
Mehmet Aurélio		メフメト・アウレリオ				

図 1.7 外国人名対訳辞書の一部

　この評価用データを用いたシステムの性能は，上位 5 位までの正解率（システムが出力した上位 5 つの候補に，正解（対訳例のカタカナ側）が含まれる割合）は，75.98% となりました [8]．システムの性能は，通常，このような方法で測るわけですが，それが便宜的なものであるということに注意する必要があります．なぜならば，システムが対象とすべき入力は「まだカタカナ訳が存在しない名前」であり，かつ，「正解は定義できない」からです．そのような状況でシステムがうまく働くかどうかは，本来的にはわからないのです．しかしながら，それでは困る[10]ので，すでにカタカナ訳が存在するものを，「もし存在しなかったとしたら」と仮定し，それがどれくらいうまく解けるかをもって，システムの性能を推定するわけです．すなわち，こうして得られる数値は，あくまでのシステムの性能の目安であるということを理解しておく必要があります．

10) システムがどのくらいうまく働くのかわからない，という意味です．

1.8 システムの各国適応

ここまでの話は，一つのトランスリタレータを作る話でした．巨大スポーツイベントで使用することを想定した場合，それだけでは不十分です．「ピーター」「ペーター」「ペーテル」問題を思い出してください．たとえ，入力が同一の綴りでも，言語が異なれば一般に発音が異なるので，異なるカタカナ訳を当てる必要が生じます．

この問題に対処するために，国籍が既知の人名対訳を少量用いて，トランスリタレータを再学習することを行いました[8]．この再学習とは，一般には，**アダプテーション**(adaptation)と呼ばれるもので，学習によって構成したシステム（モデル）を，少しだけ傾向が異なる具体例にうまく合うように修正することを意味します．MeCabは，学習機能に加え，再学習の機能も備えているので，これを利用しました．そして，最終的に204の国と地域に対して，それぞれ専用のトランスリタレータを作成しました．これが，1.1節で実行例を示したシステムの実体です[11]．

このシステムでは，入力のアルファベット表記の単語とともに，その単語がどの国の人名であるかという国名情報を入力します．なぜ，言語名ではなく，国名を入力とするかというと，スポーツイベントの名簿の翻訳では，一般に，選手の国籍の情報が既知だからです．その一方で，国と言語の対応は単純ではありません．多言語国家も多数存在しますし，国際結婚や移民などの理由により，他の言語を原言語とする名前も持ち込まれます．現実的には，人名に対して原言語が何語であるかを問うことはほとんど無意味だと思われます．

[11) このシステムは，名古屋大学と株式会社時事通信社および株式会社NHKグローバルメディアサービスとの共同研究で作成され，リオデジャネイロ・オリンピックの参加者名簿の翻訳の一部に，実際に使用されました．この共同研究は，放送文化基金の助成を受けて実施しました．本システムは，現時点では一般には公開していません．

1.9 この章のまとめ

この章では，外国人名のカタカナ表記を推定するシステムとその作成方法について述べました．作成方法を，実際にシステムを作る順序に再構成すると，次のようになります．

1. 解くべき問題を明確にする
   外国人名のカタカナ表記を推定するとはどのような問題であるかについ

て検討し，英語アルファベットで表記された単語に対して，カタカナ表記を求める問題を対象とすることにしました．
2. 具体例を集める
ここでの具体例は，外国人名対訳です．大量の外国人名対訳を収集しました．
3. 具体例を加工する
収集した具体例は，そのままの形で学習器に与えることができないのが普通です．このため，色々な加工が必要となります．外国人名翻訳では，対訳のアライメントをとることが，加工の中心でした．
4. 学習器を用いて実行系を構成する
学習器として MeCab を使いました．実際には色々な設定ファイルが必要ですが，適切な設定ファイルを準備できれば，あとは，学習器（プログラム）を走らせるだけ（待つだけ）です．
5. 評価する
ステップ 2 で準備したデータの一部を評価用データとして取り分けておき，実行系を構成したのち，そのデータを用いて，実行系がどれくらいうまく動くかを評価しました[12]．

12) もちろん，評価が芳しくなかった場合は，適当なステップまで戻り，もう一度考え直してやり直すことになります．

最近の言語処理システムは，学習器を用いて構成するのが常套手段となりました．そのため，このような手順で言語処理システムを作ることが多くなりました．昔ながらの方法で（つまり，人手で）作る場合でも，上記のステップ 4 が，「アルゴリズムを考え，プログラムを作る」に変わるだけで，手順はほとんど変わりません．

言語処理システムを作る際に，次のことを理解しておく必要があります．

1. **解くべき問題のほとんどが不良設定問題である**
本章で取り上げたシステムが使われるのは，まだカタカナ訳が存在しない名前のカタカナ訳を決める場合です．すでに述べたように，この状況においては，正解というものは定義されません．つまり，解くべき問題は，正解が一つ存在し，それを求めるというような単純な問題ではないのです．
2. **言語は社会とつながっている**
言語は，そもそも社会的な現象です．話す人がいて，使う人がいて，はじめて言語として成立し，機能します．それゆえ，言語は，いつでも人間や社会とつながっています．コンピュータで言語を扱うということは，

数学的，あるいは，論理的に言語を扱うということを意味しますが，それは近似にすぎず，その扱いには限界があることを肝に銘じておく必要があります．

3. システムの適切な落としどころを見極める

   そのような理由により，100%うまく動くような言語処理システムを作ることは不可能です．言い換えるならば，あらゆる言語処理システムは，不完全なシステムです．実用的なシステムを作るためには，実際に使われる状況や場面を想定し，適当な落としどころを見つける必要があります．

このように，言語処理システムは，他のソフトウェア・システムとはかなり異なる特徴を持ちます．

第2章

システム事例2:
テキストの難易度推定

本章では，言語処理システムの二つ目の事例として，日本語テキストの難易度推定システム[13]を取り上げます．第1章と同様に，まず，システムの実行例を示した後，システム開発の背景とシステム実装の具体的な方法について述べます．

[13] http://kotoba.nuee.nagoya-u.ac.jp/sc/obi3/ で公開しています．

2.1　システムの実行例

図2.1に日本語テキストの難易度推定システム「帯3」の実行例を示します．入力ページのウィンドウに難易度を推定したいテキストを入力し，推定ボタンを押すと，二つの難易度スケールでの推定結果が出力されます．この例の場合，B9スケールでは難易度3，T13スケールでは難易度9となりました．

B9スケールは，日本語のテキストとして，やさしいほうから数えてどれくらいの位置にあるかということを表す指標です．難易度3は，やさしいほうから11%から23%の場所に位置することを意味します．これは，いわば相対的な難易度です．一方，T13スケールは，テキストがどの学年の教科書相当であるかを表す指標です．難易度9は，中学3年生の教科書相当の難しさであることを意味します．

現在のシステムは，この二つのスケールの難易度を併記するようになっています．ちなみに，この例の入力は，コンピュータによって生成した小説『コンピュータが小説を書く日』[9]の一部です．

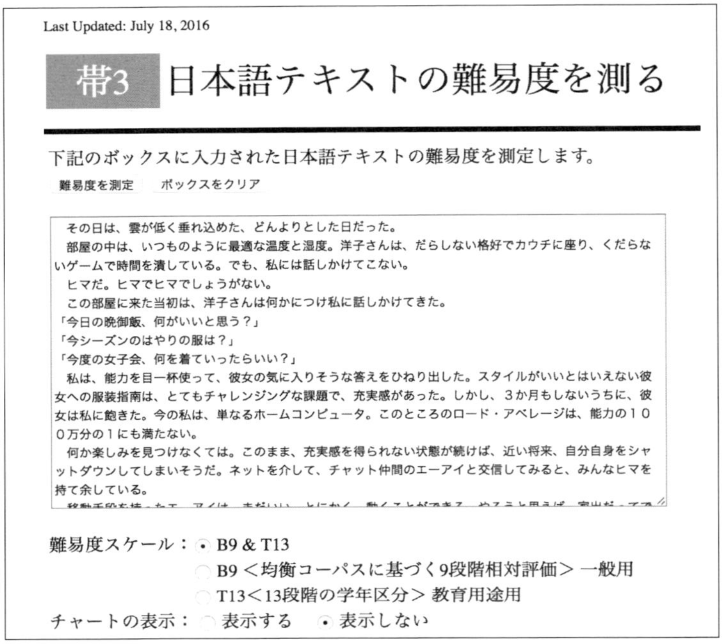

(a) 入力

難易度の推定結果 別のテキストを試す

B9スケール = 3

		とても やさしい	やさしい	かなり やさしめ	やや やさしめ	ふつう	やや むずかしめ	かなり むずかしめ	むずかしい	とても むずかしい
難易度(stanine)		1	2	3	4	5	6	7	8	9
ランキング		0%–4% (4%)	4%–11% (7%)	11%–23% (12%)	23%–40% (17%)	40%–60% (20%)	60%–77% (17%)	77%–89% (12%)	89%–96% (7%)	96%–100% (4%)
ns	4	4.4	9.3	10.2	10.7	8.1	1.7	–5.2	–12.8	–26.3
s4	3	4.3	9.1	10.9	10.2	7.3	2.5	–4.5	–13.8	–26.0
s2	3	4.6	8.8	10.7	10.3	7.6	2.6	–4.6	–14.1	–25.9

有効bigram = 485 (376)

T13スケール = 9 (中学３年)

		小学１年	小学２年	小学３年	小学４年	小学５年	小学６年	中学１年	中学２年	中学３年	高校１年	高校２年	高校３年	大学・一般
T13スケール		1	2	3	4	5	6	7	8	9	10	11	12	13
ns	9	-32.3	-18.1	-7.3	-2.6	6.5	6.0	8.1	8.2	12.2	7.0	3.5	3.5	5.4
s4	8	-31.8	-18.7	-8.5	-0.8	4.5	7.7	9.2	9.2	8.3	6.8	5.3	4.4	4.5
s2	9	-27.8	-18.5	-10.5	-3.8	1.7	5.9	8.9	10.5	11.0	10.1	8.0	4.6	-0.1

有効bigram = 404 (305)

(b) 推定結果

図 2.1　テキストの難易度推定システム「帯 3」

本章で説明しますが，本システムは耐ノイズ性を重視して設計してありますので，ウェブページのような見出し，箇条書き，記号，数式などを含んだテキストでも問題なく動作します．

2.2 背景

テキストの難易度 (readability) とは,そのテキストがどれくらいやさしいか,あるいは,難しいかを指標化したものです.与えられたテキストの難易度を計測する方法は,20 世紀中頃から,アメリカを中心に多くの研究がなされてきました [10].当時,アメリカではそれほど識字率が高くなく,国民のすべてがテキストをすらすらと読めるわけではなかったことが背景にあったと考えられます.

英語テキストの難易度を推定する有名な公式の一つは,Flesch の公式 [11] です.

$$\text{"Flesch Reading Ease"} = 206.835 - 84.6wl - 1.015sl \quad (2.1)$$

ここで,wl は単語の平均的な長さ(より正確には,単語あたりの平均シラブル数)を,sl は文の平均的な長さ(文あたりの平均単語数)を表します.英語の場合,単語の長さは単語の難しさと相関があることが知られています.つまり,長い単語のほうが難しいという傾向があるということです.文の長さも同様で,長い文ほど難しく感じる傾向があります.つまり,この公式は,単語の難しさと文の難しさを考慮して,テキストの難しさを推定していることになります.値は大きいほどやさしく,小さいほど難しいことを意味します.

これを学年スケールに変換したのが,Flesch-Kincaid の公式です.

$$\text{"Flesch-Kincaid Grade Level"} = 0.39sl + 11.8wl - 15.59 \quad (2.2)$$

この値がたとえば 11 であれば,それは,11 年生(日本で言えば,高校 2 年生)が理解できるテキストであることを意味します.これらは,英語を対象とした公式ですが,同様の公式が,日本語を含む多くの言語に対して提案されています.

21 世紀に入って,テキストの難易度推定研究に,復活の動きがありました.この動きは,おそらくウェブの勃興が関連しています.ウェブコンテンツをよりアクセスしやすくするためのガイドラインである Web Content Accessibility Guidelines[14] には,次のような記述があります.

[14] http://www.w3.org/TR/WCAG20/

> 3.1.5 Reading Level: When text requires reading ability more advanced than the lower secondary education level after removal of

proper names and titles, supplemental content, or a version that does not require reading ability more advanced than the lower secondary education level, is available.

3.1.5 読解レベル：固有名詞や題名を取り除いた状態で，テキストが前期中等教育レベルを超えた読解力を必要とする場合は，補足コンテンツ又は前期中等教育レベルを超えた読解力を必要としない版が利用できる．

このような要請に応えるために，ウェブページの難易度を推定するツールが必要となります．

先に進む前に，一つ重要なことを確認しましょう．それは，「テキストの難易度」が仮想的な概念であるという事実です．それぞれの物体が固有の質量を持つように，それぞれのテキストが固有の難易度を持つわけではありません．ここで認識を誤ると，システム開発があらぬ方向に行ってしまいます．

同一のテキストを二人の人が読む場合，彼らが感じるテキストのやさしさ，難しさは，異なるのが普通です．なぜなら，言語的バックグラウンド（それまでの言語経験の総体）は，それぞれの人によって異なるからです．当然のことながら，テキストのテーマや内容にも大きく依存します．よく知っているテーマや内容について書かれたテキストはやさしく感じますし，まったく未知のテーマや内容について書かれたテキストは難しく感じるのが普通です．つまり，人間が感じる「テキストのやさしさ，難しさ」は，まったく主観的なもので，かつ，人それぞれです．

テキストの難易度とは，それらをすべて捨象し，便宜的に最大公約数的な値が存在すると仮定することよって生まれた仮想的な指標です．このような指標の存在を仮定すると，テキスト集合の中からやさしいテキストを選んだり，似たような難易度のテキストをグルーピングすることが可能となるため，仮定されているだけなのです．

ですから，あるテキストに対して，真の難易度というようなものは存在しません．つまり，テキストの難易度を求めるという問題も，本質的に，設定不良問題なのです．

2.3 規準コーパス

 とはいえ，なんらかの根拠に基づいて，それらしき値を決める必要があります．その根拠となるものが，**規準コーパス**(criterion) です．

 規準コーパスとは，実例集合，すなわち，テキストと，そのテキストの難易度の組の集合です．A というテキストには 5，B というテキストには 6 というように難易度を付与したテキストを用意し，それらの集合を，未知のテキストの難易度を推定する際の規準として使うのです．

 規準コーパスを作るには，いくつかの方法があります．正攻法は，テキストとその理解度を測るテストを用意し，そのテストを多数の被験者に受けさせ，その平均点（あるいは，その逆数）を指標とする方法でしょう．しかし，この方法で規準コーパスを作るのはかなり大変です．

 比較的簡単に規準コーパスを作る方法は，すでになんらかの意味で難易度のような値がついているテキストを利用する方法です．たとえば，小学校・中学校・高等学校の教科書は，そのようなテキストの典型例です．我々は，この方法を採用しました．

 直前の段落で，「比較的簡単に」と書きましたが，実際の作業は一年がかりでした．まず，名古屋市の小学校・中学校・高等学校で使われている教科書一揃いのうち，英語を除くすべての教科の教科書，計 111 冊を入手しました．さらに，大学の教養教育で使われている教科書 16 冊を追加しました．次に，それぞれの教科書からサンプリングによってその一部を抜き出して電子化し，最終的にサンプル数 1478，総文字数約 100 万字のコーパスを編纂しました [12]．それぞれのサンプルの難易度は，抜き出した教科書に基づいて決定し，小学 1 年生を 1 とし，大学を 13 とする 13 段階の値（整数）を付与しました．

 このコーパス（教科書コーパス）の特徴は，英語を除く全教科からサンプルを収集している点です．コーパスサイズは約 100 万字で，それほど大きくありませんが，書かれている内容には，かなりの多様性があります．

 このコーパスの編纂は，実は手探りでした．

- どのくらいのサイズのテキストを一つのサンプルとして抽出するのがいいのか
- サンプルサイズは一定とするのがいいのか，それとも，本の「見開き」単

位とするのがいいのか
- それぞれの学年に対するサンプル量は，均一にする必要があるのか

など，決めなければならないことがたくさんありました（⇒ 本シリーズ第 8 巻）．中学や高校では，それぞれの教科書を使用する学年が明確ではない点も大きな問題でした．

ただ，先に述べたように「テキストの難易度」という概念は，妥協の産物です．そのため，あまり悩まず作ることを優先させました．なぜなら，とにもかくにも規準コーパスがなければ，難易度推定システムは机上の空論にすぎないからです．

2.4 システムの仕組み

2.1 節で示したシステムは，難易度推定問題を，分類問題として解いています．つまり，与えられたテキストが，規準コーパスのどの学年のテキストに最もよく一致しているかを調べ，その学年を推定難易度として出力します．この一致の度合いを計算するために，確率的言語モデル（⇒ 5.4 節）を利用しています．

確率的言語モデルには，色々なバリエーションがありますが，使用しているのは，文字 bigram に基づく言語モデルです．文字 bigram というのは，要は「連続する 2 文字」のことです（⇒ 5.1 節）．適度な大きさのテキスト（この例の場合は，難易度 k が付与されているサンプルテキスト集合——これを難易度 k のサブコーパスと呼びます）を用意すれば，それぞれの文字 bigram の出現確率（生起確率）を計算することができます[15]．この確率を利用して，あるテキスト T が，どのサブコーパスに最もよく一致しているかを計算します．

本システムでは，文字 bigram を計算する対象文字を，すべての文字ではなく，ひらがな 83 文字，カタカナ 84 文字，JIS 第一水準（⇒ 6.1 節）に含まれる漢字 2965 文字の計 3132 文字に限定しています．これらの文字を有効文字と名付けました．実際のテキストには，各種の記号が多数含まれます．また，歴史の教科書などでは，めったに目にしない漢字が出現したりもします．これらは，多くの場合，ノイズとして推定結果に悪影響を及ぼします．このため，比較的よく出てくる文字の bigram のみを考慮の対象としました．

まず，テキスト T を，有効文字 bigram の列に変換します．たとえば，テ

[15] 最尤推定と呼びます（⇒ 5.1 節）．

キスト T が，

$$T = これは，具体例です．\qquad(2.3)$$

であるとすると，これを，

$$T = \{ これ, れは, 具体, 体例, 例で, です \}\qquad(2.4)$$

のように変換します．句読点は有効文字に含めないので，この段階で除外します．規準コーパスの難易度 k のサブコーパスに対しても同様の変換を行います．これらの変換により，難易度を測定したいテキスト T も，規準コーパスも，文字 bigram のリストとなりました．

いったんテキストをこのようなリストに変換すると，各要素の生起確率を計算することができます．たとえば，リスト T の要素「これ」の生起確率は，T の長さが 7 で，「これ」は 1 回しか出現しませんから，1/7 と計算することができます．この値を，以下のような条件付き確率で書くこととします（⇒ 5.1 節）．

$$p(これ|T) = \frac{1}{7}\qquad(2.5)$$

$p(*|T)$ の "$|T$" の部分は，この場合は，「T における」と解釈してください．同様にサブコーパス G_k に対しても，サブコーパスのそれぞれの要素 x に対して，$p(x|G_k)$ を求めることができます．

$$p(x|G_k) = \frac{"x の出現回数"}{"G_k のサイズ"}\qquad(2.6)$$

次に，テキスト T がどのサブコーパスとよく一致するかを計算します．より正確には，サブコーパスを一つ定め，そのサブコーパスと同じような確率で文字 bigram が出現すると仮定すると，T がどれくらいの確率で出現することになるかを計算します．この値は，T に出現するそれぞれの要素 x に対して，サブコーパスに基づく生起確率 $p(x|G_i)$ を掛け合わせればいいわけですから，次の式で計算できます．

$$P(T|G_k) = \prod_x n(x,T) p(x|G_k)\qquad(2.7)$$

ここで，$n(x,T)$ は，テキスト T における x の出現回数を表します．$\prod$ は，T に含まれる「異なり」要素 x に対して計算します．

確率 $P(T|G_k)$ は，いわばサブコーパス G_k からテキスト T が生起する確率

ですから，この値が最大となる $\widehat{G_k}$ が，T と最もよく一致するサブコーパスです．つまり，

$$\widehat{G_k} = \underset{G_k}{\mathrm{argmax}}\, P(T|G_k) \tag{2.8}$$

を計算し，得られた k を T の推定難易度とします．これが，システムが採用している難易度推定のメカニズムです[16]．

なお，このメカニズムは，確率に基づく分類の枠組みとしても理解可能です．求めたいものは，与えられたテキスト T に対して，確率が最大となるサブコーパス G_k です．つまり，

$$\widehat{G_k} = \underset{G_k}{\mathrm{argmax}}\, P(G_k|T) \tag{2.9}$$

ベイズの定理を利用すると，

$$\underset{G_k}{\mathrm{argmax}}\, P(G_k|T) = \underset{G_k}{\mathrm{argmax}}\, \frac{P(G_k)P(T|G_k)}{P(T)} \tag{2.10}$$

$$= \underset{G_k}{\mathrm{argmax}}\, P(G_k)P(T|G_k) \tag{2.11}$$

となります[17]．ここで，$P(G_k)$ が k に依存せず一定（一様分布）であると仮定すると，式 (2.8) が得られます．

なお，式 (2.7) は，次のように書くのが普通です．

$$L(T|G_k) = \sum_x n(x, T) \log p(x|G_k) \tag{2.12}$$

これは，式 (2.7) に従って値を計算すると，絶対値が極端に小さな値（0 に近い値）となってしまうからです．このような値をコンピュータを使って計算する場合，計算誤差のことを真剣に考えなければなりません．そこで，対数をとってこの問題を回避します．その結果，掛け算は足し算になり，計算も簡単になります．式 (2.8) で必要となるのは，k を変えたときの $P(T|G_k)$ の大小関係だけですから，対数をとっても答は変わりません．なお，式 (2.12) の L は **対数尤度**(log likelihood) と呼ばれます．尤度 (likelihood) とは，もっともらしさのことです．

[16] 実際は，もう少し複雑です．すべての k に対して $\log P(T|G_k)$ に相当する値を計算したのち，それらの最大値，および，なめらかな曲線（2 次曲線，4 次曲線）で近似した後の最大値を求めます．最後に，それらの多数決をとって，最終的な推定値とします．

[17] この式に基づいて分類結果を求める方法を，**ナイーブベイズ分類器**(naive Bayes classifier) と呼びます．

2.5 スムージング

確率的言語モデルを使う場合に，必ず検討しなければならない問題は，補正の問題です（⇒ 5.4 節）．どういうことかというと，生起確率を下記の式（再掲）でそのまま計算するのでは，一般には，うまくいかないのです．

$$p(x|G_k) = \frac{\text{"}x \text{ の出現回数"}}{\text{"}G_k \text{ のサイズ"}} \tag{2.13}$$

なぜ補正が必要となるのか，実例に即して説明しましょう．我々は，有効文字として，3132 文字を採用しました．その結果，文字 bigram の種類は，理論的には，$3132^2 = 980$ 万 9424 種類となります．コーパスのサイズは，高々 100 万字です．サブコーパスのサイズは，その 1/13 程度ですから，10 万字以下です．つまり，1000 万種類の文字 bigram の生起確率を，10 万文字以下のテキストから推定することになります．

もちろん，言語の性質（⇒ 5.2 節）を考慮すると，実際に存在する日本語文字 bigram の種類は，ずっと少ない数だと予想されます．しかしながら，日本語テキストの文字 bigram として存在するのに，規準コーパスには出現しないものが多数あることは，容易に想像できます．確率は，一つでも 0 であれば，掛けた結果は 0 になりますから，とても困ったことになります．

確率的言語モデルの通常の使い方（⇒ 5.4.3 項）は，言語モデル G を固定して，二つのテキスト T_1 と T_2 の尤度 $L(T_1|G)$ および $L(T_2|G)$ を計算し，より大きな値を持つほうがもっともらしいテキストであると判定する「テキスト選択」ですが，今回の使用法はこれとは逆に，テキスト T を固定して，複数の言語モデル G_i に対して尤度を計算し，もっともらしい言語モデルを判定するという「言語モデル選択」です．ですので，もし，T に，どの言語モデルにも出現しない文字 bigram が含まれていた場合は，単純にそれを無視してしまうという方法が使えます．一方，いくつかの言語モデルには出現するのだが，それ以外の言語モデルには出現しないような文字 bigram が含まれていると，非常に大きな問題を引き起こします．そして，不幸なことに，そのような文字 bigram は多数存在します．

小学 1 年生の教科書を想像してみてください．テキストのほとんどは，ひらがなです．話を簡単にするために，漢字は 1 字も出てこないと仮定しましょう．そのような仮定において，ほとんどがひらがなで，漢字を 1 字だけ含むテキスト T の小学 1 年生モデルの尤度は，0（対数尤度の場合は，マイナス

無限大）でいいでしょうか．これではまずいことは，明らかです．

このことからわかることは，規準コーパスに 1 回でも出現する文字 bigram の生起確率 $P(x|G_i)$ は，すべてのサブコーパス（の言語モデル）G_i において，0 ではない値を割り当てる必要があるということです．これを実現するために，隣り合う難易度のサブコーパスの確率を利用して，確率を補正することにしました．考え方は非常に単純で，「ある文字 bigram x の生起確率は，連続する難易度において，連続的な値をとるはずだ」と仮定します．つまり，$p(x|G_4), p(x|G_5), p(x|G_6)$ などは，なめらかに変化すると考えます．たとえば，もし，たまたま x がサブコーパス G_5 に出現せず，式 (2.13) で計算した $p(x|G_5)$ が 0 となる場合は，両側の 2 つの値から補間して値を決定します．具体的には，最も単純な線形補間を使って，次のように計算します．

$$p(x|G_i) = \frac{p(x|G_{i-1}) + p(x|G_{i+1})}{2} \quad (2.14)$$

詳細は割愛しますが，このような補間を使って，0 となる確率を駆逐します．このように，他の言語モデルの確率を用いて補間（**スムージング**）を行うことを，クラス間スムージングと呼びます．

2.6 相関係数による評価

このシステムの評価には，leave-one-out cross validation を用いました．この方法は，以下の手順に従う評価方法です．

1. 実例集合から 1 サンプルだけを取り出してこれを評価用データとする．
2. 残りの実例集合を訓練用データとして学習を行う（今回の場合は，それぞれの難易度に対する言語モデル G_k を作成する）．
3. その学習結果で評価用データを正しく解けるかどうかを調べる．
4. 以上を，実例集合のすべてのサンプルに対して実施する．

この方法によって，それぞれのサンプルに対して，推定した難易度が得られます．サンプルには難易度が付与されていますから，これを便宜上，正解とみなし，正解と推定値の相関を測ってシステムを評価しました．

システムは，分類問題として難易度推定問題を解いていますから，分類精度（正しく分類できた割合）でシステムを評価することもできます．しかしながら，すでに述べたように，「テキストの難易度」自身，仮定に仮定を重ね

た仮想的な概念です．ですから，「（便宜的な）正解と一致した」ことよりは，「推定した値は，全体として正解の値と同じような傾向を示すか」のほうがより重要です．

ある2組の数値からなるデータ列 $\{(x_i, y_i)\}$ $(i = 1, 2, \ldots, n)$ が与えられたとき，それらの相関係数 R は，以下の式で定義されます．

$$R = \frac{\sum_{i=1}^{n}(x_i - \bar{x})(y_i - \bar{y})}{\sqrt{\sum_{i=1}^{n}(x_i - \bar{x})^2}\sqrt{\sum_{i=1}^{n}(y_i - \bar{y})^2}} \tag{2.15}$$

我々の例では，x_i がサンプル i の正解難易度，y_i が推定難易度となります[18]．

[18] $\bar{x}, \bar{y}$ はそれぞれ x_i, y_i の平均です．

この他に，システムを評価には，次の式で定義される二乗平均平方根誤差 (root mean squared error; RMSE) も併用します．

$$RMSE = \sqrt{\frac{1}{n}\sum_{i=1}^{n}(x_i - y_i)^2} \tag{2.16}$$

この値は，正解からの推定値のずれの平均値に相当します．

ここでは詳細は割愛しますが，実験では，作成したシステムの相関係数は，$R = 0.9$ 以上となりました．これは，二つのデータ列間に非常に高い相関があることを意味しています．また，測定対象のテキストがおおよそ200文字程度あれば，相関係数は十分に高い値となることもわかっています．

2.7　なぜ文字に固執するのか

このシステムの特徴は，単語ではなく，文字に基づいて難易度を推定する点です．「使われている文字を見るだけで，テキストの難易度なんてわかるはずがない」という批判がありますが，それは，いくつかのことを正しく理解していません．

なぜ単語を使わないのか．それは，ウェブページを，難易度推定の主要なターゲットにしたからです．実際に調べてみればすぐにわかりますが，リアルなテキストは，文の並びにはなりません．文の形式を持たない見出しや箇条書き，数式，絵文字などなど，あらゆるものが含まれます．実際に一度もプログラムを書いてみると，ウェブページのソースから，文を切り出すこ

とがどれほどやっかいであるかがよくわかります．

現在の形態素解析システム（⇒ 6.5.1 項）は，整った文に対してはうまく動作します．しかしながら，文をうまく切り出せないのであれば，適用できません．さらに，くずれた文に対しては，かなり精度が落ちます．このような現状を考慮すると，ウェブページの難易度推定に，形態素解析を前提とした方法を採用するのは，得策ではないだろうという結論になります．

この章で再三指摘していますが，テキストの難易度という指標は，所詮，仮定と妥協の産物の仮想的なものにすぎません．真の値は存在しないわけですから，それらしき値が求まれば，それで十分実用的なものになります．そして，その推定方法は，人間の判定方法とは全く異なるものでも構いません．人間が感じる難易度と高い相関を示せば，それで十分なのです．

2.8 BCCWJに基づく規準コーパス

現在のシステムは，教科書コーパスに基づく難易度指標（T13 スケール）の他に，BCCWJ コーパスに基づく相対的難易度指標（B9 スケール）を出力します．これらの違いは，使用する規準コーパスの違いのみで，推定方法は全く同一です．

ここからは，色々な仮定の話をします．まず，現代日本語で書かれたテキストの総体というものを仮定します．これには，やさしいテキストもあれば，難しいテキストも含まれるでしょう．次に，それぞれのテキストは，（妥協の産物としての最大公約数的な）難易度が定義できるものとします．言い換えるならば，それぞれのテキストは難易度をもつと仮定するわけです．このとき，難易度の分布はどのような分布になっているでしょうか．

ここで，この難易度の分布が正規分布に従うと仮定します．つまり，極端にやさしいテキストや極端に難しいテキストは少なく，平均的な難易度のテキストが多数を占めると仮定します．客観的な根拠はほとんどありませんが，主観的には妥当な仮定と思われます．なぜなら，我々の感じる難易度は，我々の言語体験に基づくと考えられる（あるいは，それ以外考えられない）からです．我々は，日常的に接するテキストの難易度を規準に，難易度の高低を判断していると思われます．

さて，国立国語研究所が編纂した『現代日本語書き言葉均衡コーパス (BCCWJ)』（⇒ 6.5.4 項）は，現代日本語で書かれたテキストの総体の適切な部

分集合とみなすことができます．つまり，上記の仮定を受け入れるのであれば，BCCWJ に収録されているサンプルの難易度の分布も，正規分布に従うことになります．ということで，もし，BCCWJ のサンプルに，正規分布に従うような難易度の値を付与することができれば，その値は相対的な難易度，つまり，日本語のテキストの中で，難易度という点において，どのあたりに位置するかを意味するものとなります．

以上のストーリーを実現するためには，BCCWJ の全サンプルに，正規分布に従うような難易度の値を付与することが必要です．詳細は割愛しますが，おおよそ次のような方法で，これを実現しました [13, 14]．

1. 難易度付きコーパスを準備する（教科書コーパスを使用する）．
2. 難易度付きコーパスを用いて，二つのテキストのどちらが難しいかを判定する比較器を，機械学習を用いて構成する [15]．
3. 構成された比較器を用いて BCCWJ に含まれるサンプルをソートし，stanine[19] に基づいた難易値を各サンプル付与する．
4. 上記のデータから信頼できる部分を抜き出し，これを新たな難易度付きコーパスとする．
5. ステップ 2 へもどる．

ここでのポイントは，ステップ 2 です．難易度付きコーパスがあれば，そこから難易度が異なるサンプルの組を多数，取り出すことができます．これは，「やさしいテキスト」と「難しいテキスト」の組の実例集合ですから，これを訓練例として，与えられた二つのテキストのどちらが難しいかを判定する比較器を，機械学習により構成することができます．もちろん，100%正しく動作する比較器を構成できるわけではありませんが，多くの場合，正しい判定結果を返すものであれば構成できます．そこで，この比較器をひとまずは信じて，BCCWJ のサンプル集合を難易度順にソートします．ソートできたならば，stanine の表に従って，サンプル集合に難易度を付与できます．こうして，新たな難易度付きコーパスが作成できました．しかし，この難易度は，まだ，それほど信頼できませんから，以上のプロセスを繰り返し実行します．そして，難易度付きコーパスが安定してきたところで終了し，最終的に得られた難易度付きコーパスを B9 の規準コーパスとしました．

現在のシステムが二つの異なる難易度指標をサポートしているのは，それぞれの難易度指標の感度が異なるからです．教科書コーパスに基づく T13 スケールは，比較的やさしいテキストをより詳細に区別します．その一方で，高

[19] 正規分布に従うデータに対して，1 から 9 の数字を割り当てる標準的な方法です．データを昇順にソートしたとき，先頭から何パーセントのところに位置するかによって，次の表に従って，1 から 9 を数字を割り当てます．

数字	1	2	3
下限	0%	4%	11%
上限	4%	11%	23%
割合	4%	7%	12%

4	5	6
23%	40%	60%
40%	60%	77%
7%	20%	17%

7	8	9
77%	89%	96%
89%	96%	100%
12%	7%	4%

校以上（難易度 10 以上）の値は，それほど信頼できません．これに対して，BCCWJ コーパスに基づく B9 スケールは，一般的な（大人向けの）テキストの難易度の推定に向いています．唯一無二の絶対的な難易度指標というものは幻想であるということを示す意味でも，複数の難易度指標をサポートすることは重要だと考えています．なお，B9 の規準コーパスに基づく難易度推定値は，人間が感じる難易度と高い相関があることがわかっています [14, 16]．

2.9　この章のまとめ

この章では，日本語テキストの難易度を推定するシステムとその作成方法について述べました．作成方法を作業順に再構成すると，次のようになります．

1. システムの仕様を明確にする
   主にウェブページをターゲットとして，日本語テキストの難易度を推定するシステムを作ることにしました．箇条書き，数式，記号など，整った形式の文以外の要素が含まれていても，システムは動作し，かつ，妥当な推定結果を出力することを目標としました．
2. 具体例を集める
   小中高大の教科書をサンプリングして，難易度推定の規準となるコーパスを作成しました．
3. 解き方を定めて必要な言語モデルを構築する
   難易度推定問題を，文字 bigram 言語モデルを利用して，分類問題として解くことにしました．そのために必要な文字 bigram 言語モデルを構築しました．そこでは，必要な補正を行いました．
4. 評価する
   leave-one-out cross validation という方法で，規準コーパス自身を利用してシステムを評価しました．評価には，主に，相関係数を用いました．

以上の手順は，第 1 章の手順とそれほど大きくは異なりません．学習器を使って実行系を構成するところが，言語モデルの構築に置き換わっただけです．これらの例は，言語処理システムの作り方の基本的な手順にのっとっています．

なお，2.8 節は，作成したシステムを利用して，この手順のステップ 2 を再度やり直した（別の規準コーパスを作った）とみなすことができます．この

過程でも，ほぼ同様の手順を用いました．

第3章
言語に関する基礎知識

　この章からは，第1章や第2章で紹介したような言語処理システムを作る際に知っておくべき基礎知識を提示します．トップバッターは，言語に関する基礎知識です．日本語や英語といった言語は，それぞれ異なる特徴を持ちますので，本章では，主に日本語を中心に話を進めます．

3.1　日本語を客観視する

　本書の読者のほとんどは，母語が日本語だと思います．ですから，日本語を使う（「運用する」と言います）ことに不自由を感じていないと思います．しかしながら，日本語という言語を客観的な対象として把握しているかというと，おそらくそうではないでしょう．たとえば，以下の質問に答えることができるでしょうか．

- 日本語で使われる文字は何種類か．
- 日本語には，どれくらいの語が存在するか．あるいは，あなたは日本語の語を何語ぐらい知っているか．
- 日本語には，いくつ品詞があるか．
- 単文と複文は，どのように区別されるか．
- 日本語の文の長さは，平均的にどれくらいか．

　これらの質問に答えられなくても，日本語の運用には何の支障もありません．しかしながら，日本語を対象とした言語処理システムを作るためには，日本語という言語をできるだけ客観的に把握しておく必要があります．なぜ

なら，そのような知識が，システムの設計や実装における各種の判断において，非常に重要な判断材料となるからです．

3.2 言語学の部門と言語単位

言語に関する学問は**言語学**で，日本語に特化した言語学は**日本語学**です．言語処理で必要となる「言語に関する知識」の大半は，これらの学問分野でカバーされるものですが，そこからはみ出しているものもあります．それらの全体像を把握するために，まず，言語学の部門と言語単位を押さえておく必要があります．

言語学は，次のような部門から構成されると考えるのが一般的です[20]．

1. **形態論** ― 語の成り立ちについて扱う
2. **構文論** ― 文の成り立ちについて扱う
3. **意味論** ― 言語形式と意味との対応について扱う
4. **語用論** ― 表面的な意味を超えた意味（解釈）について扱う

一方，言語単位としては，つぎのような単位を考えます．

1. **文字** (character)
2. **語** (word)
3. **節** (clause)
4. **文** (sentence)
5. **文章** (text)

形態論が扱う範囲は，文字から語までの範囲です．具体的には，

- 語や語未満のもの（**接辞**，**語構成要素**，**形態素**などと呼ばれます）がどのように結びついて語を構成するのか（**語構成**）
- 語と語がどのように結びついて**複合語**を構成するのか
- ある語から関連する意味を持つ語（**派生語**）がどのように作られるのか

などの現象を扱います．

構文論は，主に，語から文までの範囲を扱います．具体的には，

- いくつかの語がどのようにまとまって文を構成するのか

---

[20] ここでは書き言葉を主な対象としたため，**音声学**と**音韻論**は省略しました．

- その文の構造をどのように考えるのか
- 文の意味と強い関連を持つ文法形式（態・時制・アスペクト・モダリティ）

などを扱います．言語学の中核は，この構文論です．

　意味論では，主に，文の形式とそれが表す意味との関係を考えます．扱う対象が「意味」という抽象的な概念であるため，十分に研究が進んでいるとは言えません．

　語用論では，ある特定の状況において，文が表面的な意味を超えて，どのような意味（効果）をもたらすかについて考えます．たとえば，閉め切った部屋での「暑いね」という発話は，表面的には「暑いと感じている」ことを表明しているだけですが，その状況においては，「窓を開けないか」あるいは「クーラーをつけないか」と提案していると解釈することができます．語用論はこのような現象を扱います．

　言語学の構文論，意味論，語用論は，言語単位としては，おおよそ「文」止まりです．それより大きな言語単位（たとえば，段落や文章）は，**談話論**という部門で扱われますが，それほど研究は進んでいません．段落や文章に関しては，**テクニカル・ライティング**の知識が参考になります．テクニカルライティングは，わかりやすい文章を書くための実学で，文や文章（の構造）がどうあるべきかについてのガイドラインを示します．

　本章では，言語単位に沿って，基礎知識を概観していきます．なお，言語は必ずしも文字を持つわけではありませんが，言語処理の対象は，主に，文字を使って書かれたことば（テキスト）ですので，本章では，対象をテキストに限定します．

3.3　文字から語まで

　テキストを構成する一番小さな言語単位は，**文字**です．つまり，テキストは，すべからく文字の並び（文字列）とみなすことができます．日本語の場合は，主に，ひらがな，カタカナ，漢字が使われます．それ以外にも，句読点をはじめとする各種の記号やアルファベット，数字などが使われます．日本語の特徴の一つは，使用する文字の種類が多いことです．コンピュータ上では，文字は文字コードによって表現されます（⇒ 6.1 節）．

　次の主要な単位は，**語**（あるいは**単語**）です．いくつかの文字の並びが語を

表 3.1 色々な語の単位（出典：『言語情報処理』[17], p.172）

M（形態素）	型	紙	どおり	に	裁断	して	外出	着	を	作り	まし	た	．
β	型紙		どおり	に	裁断	して	外出	着	を	作り	まし	た	．
長1	型紙どおり		に	裁断し		て	外出着		を	作り	ました		．
W	型紙どおり		に	裁断して			外出着		を	作りました			．
α_0	型紙どおりに			裁断	して		外出着を			作りました			．
α	型紙	どおりに		裁断して			外出着を			作りました			．
長2	型紙どおりに			裁断して			外出着を			作りました．			

表します．日本語の場合，この「語」がくせ者です．英語のテキストでは，語を空白で区切って記述するので，語という単位はかなり明確です．しかし，日本語ではそのような習慣がないため，ぱっと見には，語の単位は見えません．

たとえば，次の文を考えましょう．

　　　型紙どおりに裁断して外出着を作りました．

この文をどのように語に区切るのが正しいのでしょうか．

実は，答えはよくわかりません．すくなくとも，「正しい区切り方が一つだけあるというわけではない」ということだけは確かです．日本語の語の単位には，いくつもの単位が提案されており，日本語学者の数だけ，語の単位の定義があるとも言われるくらいです．表 3.1 に，国立国語研究所の語彙調査で用いられたいくつかの単位を示します．これらの単位では，すべて区切り方が異なります．

ここでは，これらの単位を大きく 2 種類に分けます．一方は，**比較的短い単位**で，M 単位と β 単位をこれに含めます．もう一方は，**比較的長い単位**で，他の五つをこれに含めます．

一番短い単位が **M 単位**（形態素単位）です．たとえば，英語の単語 "generally" は，

　　　generally = general + ly

のように構成されていますが，このとき，これらの構成要素を形態素 (morpheme) と呼びます（'general' は語として存在しますので，狭義には，'ly' だけを形態素と呼びます）．表 3.1 の例では，「外出着」の「着」が，これに相当します．着るものを表す「着」は単独では用いられず，「外出着」や「晴れ着」のような他の語と結びついて用いられるのが普通です．「着」のようなものは，日本語では**語構成要素**と呼ぶことが多いようです．

β単位は，M単位によく似ており，この例では「型紙」のところだけが異なります．M単位では，「型（かた）」や「紙（かみ）」などの和語は，それぞれ1単位とみなしますが，β単位では，これらの一次結合（一回の結合）を1単位とみなします．このβ単位は，国語辞書の見出し語の単位とよく一致すると言われています．

一方，比較的長い単位のグループは，おおよそ**文節**と呼ばれる単位に近い単位です．この文節という単位は，義務教育の国語科で教えられる文法（**学校文法**と呼ばれます）に出てくる単位ですが，それがどのような単位であるかは，いささか不明瞭です．たとえば，

文節 意味の上でも発音の上でも不自然とならない範囲で，文をできるだけ小さく区切った一区切り（出典：『原色シグマ新国語便覧』[18], p.340）

のように説明されますが，これでは，ほとんど説明になっていません．具体例を示し，「このようなものが文節だよ」と教えられているだけです．ただし，日本語母語話者にとって，文を文節に区切ることは比較的容易で，個人差も少ないようです．

実は，文節という単位は，学校文法，および，その元となっている**橋本文法**を除き，日本語学ではあまり言及されない単位です．その一方で，コンピュータによる日本語処理では中核的な単位として用いられています．

短い語の単位と，長い語の単位とでは，役割が異なります．短い語の単位は，主に，形態論的な取り扱いに向いた単位，つまり，語の成り立ちを考える場合に適した単位ということです．辞書の見出し語も，多くの場合，短い単位の語が採用されるのが普通です．一方，長い語の単位は，主に構文論的な取り扱いに向いた単位，すなわち，文の成り立ちを考える場合に適した単位です．このように，日本語においては，少なくとも2種類の語の単位を考える必要があります．

国立国語研究所が編纂した『現代日本語書き言葉均衡コーパス (BCCWJ)』（⇒ 6.5.4項）では，**短単位**と**長単位**と呼ばれる2種類の単位の情報が付与されています．短単位はβ単位に基づく単位，長単位は長2単位に基づく単位です．その詳細は，BCCWJのマニュアル[19]に詳しい記述があります．

最後に，**派生語**と**複合語**について簡単に触れておきます．

派生語とは，「美しい」から作られた「美しさ」のような語のことを言います．この例の場合，形容詞「美しい」の語幹「美し」に派生語尾「－さ」が付

加されて,「美しさ」が作られます．派生語尾「－さ」は，ほとんどの形容詞に付加できます．このような場合，その派生語尾は「生産性が高い」といいます．これに対して，派生語尾「－め」は生産性が高くありません．「短い」から「短め」を作ることができますが，「美しい」から「美しめ」を作ることはできません．主要な派生形式を網羅した一覧表があれば便利なのですが，そのようなものは，残念ながら存在しないようです．どこまでを派生とみなすか，どこからを複合とみなすかの線引きも，それほどはっきりしていません．

複合語とは，「言語」と「理論」から作られる「言語理論」のような語のことを言います．名詞と名詞が結びつく複合名詞が数としては圧倒的に多いですが，複合動詞（「食べ始める」）や形容詞が関係するもの（「食べやすい」，「食べてみたい」）などもあります．「食べやすい」は，派生語とみなす考え方もあります．

なお，文字から語までの部分に強く関連する形態素解析システムについては，6.5.1 項で述べます．

3.4 語の分類

語の単位の問題は棚上げして，いちおう，語というものが定義できると仮定します．語の数はよくわかりませんが，非常に多いことだけは確かです．たとえば，よく使われる国語辞典に収録されている語の数は，7万語から8万語といったところです．文法を考える際，これらの語を個別に扱うのは無謀ですから，同じような性質を持った語をグルーピングすることが不可欠です．そのグルーピングの中心となるものが，**品詞**です．

学校文法では，表 3.2 のような品詞を設けます．しかしながら，日本語学における品詞体系は，これが唯一の品詞体系ではありません．品詞体系も，日本語学者によって異なるものが提案されています．

注意すべき品詞は，**形容動詞**と**助動詞**です．形容動詞は，形容詞と名詞の中間のような語のグループで，語幹は名詞のように振る舞い，「－な」や「－だ」を伴って，形容詞のように振る舞います．一部の形容動詞は，「固有な特徴」，「固有の特徴」のように，連体修飾の場合に，「－な」と「－の」の二つの形を持つものもあります．「－な」の形を持たない場合は名詞に含めるのが普通ですが，「個別（の）」のように意味的には形容詞に近いものもあります．これらの例が示すように，品詞は便宜的なグループにすぎず，それにはうま

表 3.2 学校文法の品詞体系（出典：『原色シグマ新国語便覧』[18], p.341）

単独で文節を構成する（自立語）	活用する	述語になる（用言）	動作・作用・存在を表す	言い切りがウ段音	動詞
			性質・状態を表す	言い切りが「い」	形容詞
				言い切りが「だ」	形容動詞
	活用しない	主語になる（体言）	事物の名称を表す		名詞
			人・事物を指し示す		代名詞
		修飾語になる	体言を修飾する		連体詞
			主として用言を修飾する		副詞
		接続語になる	前後の文や文節をつなぐ		接続詞
		独立語になる	感動・呼びかけ・応答などを表す		感動詞
単独で文節を構成しない（付属語）	活用する				助動詞
	活用しない				助詞

表 3.3 学校文法の助動詞（出典：『原色シグマ新国語便覧』[18], p.344）

使役	せる，させる
受身・自発・可能・尊敬	れる，られる
打消	ない，ぬ
推量・意志	う，よう
希望	たい，たがる
過去・完了	た（だ）
丁寧	ます
推定・比況・様態・伝聞	らしい，ようだ，そうだ
断定	だ，です

く収まらない，中間的な語が存在することを理解しておく必要があります．

このような事情のため，一部の文法では，形容動詞という品詞を立てず，形容詞に含め，その違いを活用の違いに帰着させます．また，別の文法では，形状詞という名称で呼ぶこともあります．それらに含める語彙も，かならずしも一致しません．

助動詞の状況はもう少し複雑です．学校文法では，表 3.3 のような助動詞を考えます．これに対して，益岡・田窪文法 [20] や比較的新しい文法体系では，これらの大半を助動詞と認めません．使役から丁寧までは，接辞あるいは活用語尾と考えます．助動詞とみなすものは，「らしい」「ようだ」「そうだ」「のだ」「だろう」など，述語（用言）の基本形やタ形に接続するもののみに限定します．

なお，「だ・である・です」は，**判定詞**という特別な品詞を立てる立場もあ

表 3.4 益岡・田窪文法の動詞の活用表

基本系語尾			夕系語尾		
基本形	書く	食べる	夕形	書いた	食べた
命令形	書け	食べろ			
意志形	書こう	食べよう			
基本条件形	書けば	食べれば	夕系条件形	書いたら	食べたら
基本連用形	書き	食べ	テ形	書いて	食べて
			タリ形	書いたり	食べたり

ります．これらは，名詞に接続して，述語（名詞述語）を作ります．これらは，英語の be 動詞に相当するものと考えることができます．

これらの助動詞の扱いは，動詞や形容詞の**活用**をどう捉えるかにも深く関係します．学校文法では，未然・連用・終止・連体・仮定・命令の六つの活用形を設けますが，比較的新しい文法体系では，原則として，文節として自立するもののみを，活用形として採用することが多いようです[21]．たとえば，益岡・田窪文法では，動詞の活用形として，表 3.4 のような 9 種類を考えます．なお，「書く (kak-u)」のような語幹が子音で終わる動詞を**子音動詞**，「食べる (tabe-ru)」のように語幹が母音で終わる動詞を**母音動詞**と呼びます．前者は，**I 型動詞**あるいは**五段活用**（の動詞），後者は **II 型動詞**あるいは**一段活用**（の動詞）とも呼ばれます．これらは活用の種類を区別するもので，**活用型**とも呼ばれます．

語の分類は，品詞と活用の体系をどのように定義するかに依存します．そして，それらには複数の体系が存在します．もちろん，同じ日本語を対象とした体系ですから，大部分は重なるわけですが，細部はかなり異なります．恐ろしいことに，日本人が義務教育で学ぶ学校文法と，外国人に日本語を教える際に前提となる文法（**日本語教育文法**）では，用語も異なれば，体系も異なります．「日本語の文法」というものは，現時点において，盤石なものではないという事実を知っておく必要があります．

品詞は，文法的特徴に基づく語の分類ですが，これ以外にも，語の分類は存在します．**語種**は，語の出自に基づく分類で，**和語・漢語・外来語**と，それらが混在した**混種語**に分けるのが普通です．語種の情報は，ほとんどの国語辞典には示されていませんが，『新潮国語辞典 第二版』[21] には明示的に示されており，この辞書が語種判定の事実上の拠り所となっています．

この他に，**オノマトペ**というグループを考えることがあります．これは，

---

21) たとえば，未然形「書か (-ない)」は，「ない」なしでは文節を構成できませんから，未然形という活用形を採用しません．

「しくしく」「ざーざー」「きっぱり」など，自然界の音・声，物事の状態や動きなどを音で象徴的に表した語です．日本語は，オノマトペが豊富な言語と言われています．

3.5 文の成り立ち

文は，言語の中心的位置を占める単位です．日本語では，形式的には**句点**によって区切られる単位で，意味的にも，あるまとまった内容を表します．

文は，いくつかの要素（**成分**とも呼びます）から構成されますが，その中心的な要素は**述語**です．日本語の場合，動詞，形容詞（形容動詞を含む），名詞述語の形式（「名詞＋だ・である・です」）が述語となります．たとえば，「コンピュータがおもしろい小説をすらすら書いた．」という文では，文末の「書いた」が述語です．述語が文の中心的な要素となるのは他の言語でも同様ですが，英語では動詞だけが述語となります．

述語の次に重要な要素に，**補足語**と呼ばれる要素です．先の例文では，「コンピュータが」と「小説を」が補足語となります．これらの補足語は，「書いた」という動作の主体と対象を表します．ここで，「が」や「を」を**格助詞**と呼びます．補足語は，格助詞を伴うのが普通ですが，「おかずだけ 食べた」のように，格助詞ではなく副助詞（あるいは，取り立て助詞）を伴う場合，あるいは，「彼女だけが 助かった」のように，副助詞と格助詞の両方を伴う場合があります．さらに，話し言葉では，「おかず 食べた？」のように，助詞が省略される場合があります．

述語と補足語以外の要素として**修飾語**があります．先の例の「おもしろい」は「小説」という名詞（体言）を修飾しているので**連体修飾語**，「すらすら」は「書いた」という述語（用言）を修飾しているので**連用修飾語**と呼ばれます．

以上の要素は，それぞれ文節という単位を構成します．日本語学ではあまり明示的には説明されませんが，文を，このような要素（文節）の**係り受け構造**とみなす考え方は，浸透しているように見受けられます．この構造は，**依存構造**と呼ばれることもあります．「コンピュータがおもしろい小説をすらすら書いた．」の文節係り受け構造を図 3.1 に示します．

これに対して，英語の文では，**句構造**を想定するのが普通です．これは，英語では文を構成する語の役割が，主に場所（語順）によって定まることに理由があります．いわゆる，5 文型 (SV, SVO, SVC, SVOO, SVOC) からもわ

図 3.1 文節係り受け構造の例

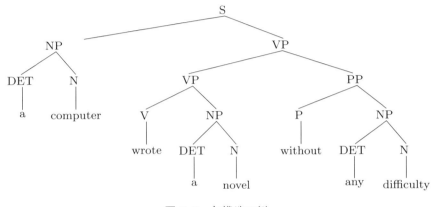

図 3.2 句構造の例

かるように，英語では主語が先頭で，その次が述語（動詞），その後に目的語や補語が続きます．"A computer wrote a novel without any difficulty." に対する句構造を，図 3.2 に示します．

　日本語の語順は，文節単位では比較的自由です．「おもしろい小説をコンピュータがすらすら書いた．」でもいいですし，「おもしろい小説をすらすらコンピュータが書いた．」でも構いません．これは，補足語に含まれる格助詞が，その役割（主体や対象）に関する情報を持つためです．

　日本語では「主語」や「目的語」という用語を使うかどうかは微妙です．それよりは，「ガ格要素」や「ヲ格要素」のように，格助詞で区別するのが無難です．

　「ハ」の形式をどう捉えるかも，しばしば問題になります．「太郎は研究で忙しい．」という文は，「太郎」という人物（対象）に対して，「研究で忙しい」という説明を加えています．このような「X は」の形式をとる要素を**主題**と呼びます．主題を持つ文を**有題文**，主題を持たない文を**無題文**として区別します．ちなみに，「は」は，係助詞，提題助詞，副助詞，取り立て助詞などに分類されます（助詞の細分類は，文法体系によって異なります）．

述語と補足語が表す中核的な意味をさらに拡張する文法形式として重要なものに，**態**（ヴォイス，voice），**時制**（テンス，tense），**アスペクト**(aspect)，**モダリティ**(modality) があります．

日本語の態には，**受身**と**使役**以外に，**可能**があります．態が変わると，文の補足語の形式が変わります．これを**格交替**と呼びます．

芥川がその小説を書いた．
芥川によって その小説が 書かれた．（受身）
芥川に その小説を 書かせた．（使役）
芥川は その小説が 書けた．（可能）

時制は，ある事柄がいつ起きたかを表すものです．日本語では**ル形**（非過去）と**タ形**（過去）があります．英語では，現在，過去，未来の三種類を区別します．

アスペクトは，動きの展開の局面（段階）を表す文法形式です．たとえば，「小説を書く」という動きに対して，次のような局面を想定することができます．

小説を書こうとしている．（開始直前）
小説を書き始めた．（開始）
小説を書いている．（継続）
小説を書き終わった．（終結）

アスペクトを表す主要な形式には，動詞のテ形 +「いる，ある，しまう，いく，くる」などの形式（テ形複合動詞）と，動詞の連用形 +「はじめる，だす，おわる，おえる」などの形式（連用形複合動詞）があります．

モダリティは，話し手の判断や態度を表す文法形式です．話し手の判断や態度とは，たとえば，以下に示すような，命令，禁止，許可，依頼，意志，願望，推測などです．

小説を書く．
小説を書け．（命令）
小説を書くな．（禁止）
小説を書いてもいい．（許可）
小説を書いてください．（依頼）
小説を書こう．（意志）

小説を書きたい．（願望）
　　　彼は小説を書くらしい．（推測）

モダリティは，主に，述語形式（活用形および接続する助動詞）によって表されますが，「おそらく，たぶん」のような副詞も関与します．

　日本語文法の中で，疑問や否定をどのように位置付けるかはそれほど明確ではありません．疑問はモダリティの一つとして位置付けることもできます．疑問の終助詞「か」が主要な文法形式です．否定の主要な形式は「ない」です．否定では，呼応する副詞と否定の範囲（全部否定と部分否定）に注意する必要があります．

3.6　単文と複文

　文には，述語が複数含まれる場合があります．述語を一つだけ含む文を**単文**と呼び，述語を複数含む文を**複文**と呼びます．たとえば，「雨が降ってきたので，私はすぐに帰った．」には，「降ってきた」と「帰った」という二つの述語が含まれますから，この文は複文です．

　複文において，それぞれの述語を中心としたまとまりを**節**と呼びます．先の例文では，「雨が降ってきたので」と「私はすぐに帰った」が，それぞれ節です．複文では，原則として，文末の述語を中心とした節を**主節**，それ以外の節を**従属節**と呼びます．

　従属節には，次のようなものがあります[22]．

22) 以下の記述における従属節の分類は原則として益岡・田窪文法 [20] に基づいています．

　　　彼は 車が動かないことに 気がついた．（補足節）
　　　そこに着いたとき，誰もいなかった．（副詞節）
　　　彼が作ってくれた 弁当をおいしく食べた．（連体節）
　　　風が強くなってきたし，雨も降ってきた．（並列節）

　補足節は，述語＋形式名詞「こと，の，ところ」＋格助詞という形式をとるのが普通です．この形式以外に，次のような疑問表現の補足節もあります．

　　　車が動くかどうか 調べた．

また，「～と」，「～ように」の引用の形式をとる**引用節**も，補足節の仲間です．

　　　彼は すぐに行くと 言った．

　　　　　知事は首相に 面会に応じるように 要請した.

副詞節には，多くの種類（時，原因・理由，条件・譲歩，付帯状況・様態，逆接，目的，程度など）があり，形式も多様です．

　　その街に着いた とき，雨が降っていた．（時）
　　傘がなかった ので，雨宿りするしかなかった．（原因・理由）
　　雨が降ってき たら，すぐに引き上げよう．（条件）
　　音楽を聴き ながら，小説を書いた．（付帯状況）
　　彼の言う とおりに，右側の道を選んだ．（様態）
　　ギャラは安かった が，よい経験にはなった．（逆接）
　　大学に合格する ために，もっと勉強する必要がある．（目的）
　　立っていられない ぐらい 疲れていた．（程度）

連体節は，体言を修飾する節です．体言を修飾する述語が格要素を伴う場合は節とみなせばいいのですが，単独の動詞や形容詞が体言を修飾する場合は，節とみなすかどうか判断が分かれるところです．

　　髪が美しい 女性を見かけた．（ガ格要素を持つ場合 → 連体節とみなす）
　　美しい 女性を見かけた．（格要素を持たない場合 → 連体修飾語とみなすことが多い）

並列節は，主節とほぼ対等の関係を持つ従属節です．述語の連用形，テ形，タリ形，接続助詞「し」「が」が主要な形式です．

　　京都で 生まれ，名古屋で育った．（連用形）
　　彼は答えた が，彼女は答えなかった．（接続助詞「が」）
　　彼女が 考えて，彼が執筆した．（テ形）
　　花子は歌も歌う し，小説も書く．（接続助詞「し」）

従属節には，主節に対する**従属度**という概念があります．主節と対等の関係に近い従属節は**従属度が低く**，主節の影響を強く受ける従属節は**従属度が高い**といいます．従属度の高い従属節では，その中心となる述語の形式が制限を受けます．たとえば，「〜ながら」の形式をとる副詞節の述語は，時制，モダリティ，丁寧表現などを取ることができません．

　　音楽を 聴き／*聴いた／*聴こう／*聴きます ながら，小説を書く．

3.7 文章の構造

一般に，文を超える単位になると，言語学は，我々の疑問にそれほど答えてくれません．たとえば，文章を扱う言語処理では，文章の構造や連続する文間の関係，文間関係の基盤となる文のタイプなどが必要となりますが，それらを考えるための言語学の知見は，十分な蓄積がありません．おそらく，そのような要素は，対象がどのような文章であるかによって大きく変わってくるので，言語学の研究対象になりにくいのではないかと思われます．

文章において，形式的に観察される単位は**段落**です．日本語の場合は，段落の先頭で字下げし，末尾で改行するのが普通です．ですから，文章の構造を考える際には，段落内の構造と，段落間の構造を考えるのが自然でしょう．

テクニカル・ライティングは，主に情報を伝達する文章（説明文章）を対象とした，わかりやすい文章を書くための実学です．表記の統一から文章構成まで守備範囲は非常に広いですが，その中核に，段落をどのように構成すべきかを指南する**パラグラフ・ライティング**があります．パラグラフ・ライティングの最も基本的な考え方は，次のとおりです．

- 一段落には，一つの内容を書く．
- 段落の先頭に，その段落の内容を簡潔に述べる．これを**トピック・センテンス**と呼ぶ．
- 以降の文は，トピック・センテンスの内容を補強する内容（背景説明，理由，具体例，追加説明など）を書く．

段落を超える，より大きな文章の構成については，テクニカル・ライティングは，それほど有益な情報を提供しません．それよりは，大学入試の「国語」読解問題の参考書から得られる情報が多いと思われます．これらの参考書では，読解問題を解くために，文章をどう解きほぐせばよいかについて，多くの有益な情報が書かれています．ただし，対象とする文章は，入試問題でよく出題される「評論」に限られます．

3.8 日本語の特徴

他の言語（主に英語）と比較した場合の日本語の特徴は，どのようにまと

められるでしょうか．ここでは，言語処理という観点から考えます．

- 使用する文字種が多い．

日本語では，表音文字であるひらがな，カタカナのほかに，表意文字である漢字を使います．使用する文字の種類が多いので，（特に漢字では）文字1字が担う情報は，アルファベットの文字1字とは比べものにならないほど大きいと考えられます．

- 語の単位が曖昧である．
- 語を空白で区切る習慣がなく，連続して記述する．
- 膠着語である．

これらの特徴は，相互に関係しており，使用する文字種が多いこととも関係しています[23]．言語処理では，語を基本単位とすることが多いので，これらの特徴は，言語処理上の大きな障害となります．

[23] 一般に，内容語は漢字で表記することが多く，助詞はひらがなで表記するので，表記上，文節の区切りがある程度明確になります．

- 語の表記が一意に定まらない（表記ゆれが存在する）．

英語では，ほとんどの語の正しい表記（スペル）は一つですが，日本語の語は，複数の表記を持つのが普通です．ひらがな／漢字表記のゆれ以外に，送り仮名のゆれ，複数の漢字表記など，多様な表記ゆれが存在します．

　　たとえば／例えば　　（ひらがな／漢字表記のゆれ）
　　行う／行なう　　（送り仮名のゆれ）
　　悲しい／哀しい　　（複数の漢字表記）
　　コンピュータ／コンピューター　　（カタカナの表記ゆれ）

日本語では，「ある語をどのように表記するかは書き手の自由である」という考え方が支配的です．言語処理が処理する対象は文字列（つまり，表記）ですから，表記ゆれは大きな障害となります．

- 語順に関する制限が比較的緩やかである．

英語では，語順が述語に対する格の情報を担うため，倒置などの現象を除いて，語順は固定的です．これに対して，日本語では格助詞等が担うため，語順（文節の順序）は述語文節を除いて比較的制限がありません[24]．すでに述べたように，日本語の構文構造の表現形式として文節係り受け構造が用いられることが多いのは，この語順の自由度が大きな理由です．

[24] ただし，語順は，何を強調しているのかなどの別の情報を担う点に注意する必要があります．

ここまで挙げた特徴は，日本語という言語の特徴ですが，我々日本人の日本語の運用には，次の特徴もあると考えられます．

- 論理性に重きを置かない．
- 言語にまつわる色々なことに寛容である．

現在の初等・中等教育では，論理的な文章を書くことに重きが置かれていません．「思ったとおりに書きなさい」が作文教育の指導原理です．テクニカル・ライティングに則った論理的な文章は，一般に，つまらない文章という評価で，規範的な文章とはみなされません．おそらく，文章をとおして情報を伝達するということに，それほど重きを置かない社会なのだと思われます．

我々日本人は，言語の色々な側面に寛容です．「女王」に「クイーン」というルビが振られていても何も違和感がありませんし，絵文字のような規範には存在しない文字を平気で取り入れます．同一人物に複数のカタカナ表記が当てられていても（⇒ 第1章），そういうものだと受け入れます．言語処理では，これらの寛容さは大きな障害となります．

3.9 言語のゆらぎと変化

我々は，「日本語」を確固としたものと考えがちですが，それは大きな誤りです．**個人性**，**地方性**，**経年変化**といったゆらぎや変化を考慮しておく必要があります．

最もわかりやすいのが地方性，すなわち，**方言**です．テレビの普及により，NHKのアナウンサーが話す日本語（標準語と呼ばれることがあります）が全国に普及しましたが，話し言葉では，依然として方言が使われています．我々は日常において，誰も標準語を話していません．

書き言葉においては，方言の影響はそれほど見られません．しかしながら，個人性は明らかに存在します．だれもが同じ日本語を書いているわけではないのです．文章の書き手を推定する**著者推定**では，言語の個人性を利用します．

言語は時代とともに変化します．新しい語が生まれ，使われなくなった語が死んでいきます．語の用法も変化します．たとえば，「結果」は，単独で用いられる用法（副詞または接続詞的用法）が多数観察されるようになってきました．

～という実験を行った．その結果，～が得られた．（規範的な用法）
　　～という実験を行った．結果，～が得られた．（最近の用法）

　もちろん，文法も変わっていきます．たとえば，可能を表すラ抜き言葉（「食べれる」）は，話し言葉では，以前の規範形（「食べられる」）より優位になっていると思われます．

　　ケーキをもう一個，食べられる？
　　ケーキをもう一個，食べれる？

　日本語は生きています．そして，その日本語の総体というものは，明確には捉えられないぼんやりとしたものです．言語処理は，そのような「言語」を対象としていることを忘れてはなりません．

3.10　この章のまとめ

　この章では言語学の知見を中心に，言語処理システムを作る際に知っておくべき言語に関する基礎知識を述べました．プログラミング言語などの人工言語と異なり，自然言語は誰かによって設計されたものではありません．その一方で，自然現象でもありません．敢えて分類するのであれば，社会現象ということになるでしょう．その詳細を規定した設計図もなければ，それを支配する物理法則もありません．あるのは，その時代における規範だけです．言語処理の処理対象は，そのようなつかみどころのないものなのです．

　本章で述べた内容は，言語に関するごくごく初歩的な内容です．もう少し深く学びたい場合は，次のような文献が参考になるでしょう．

1. 国語教育プロジェクト編著，『原色シグマ新国語便覧 ビジュアル資料』，文英堂，2007．（文献 [18]）
   この本の 340〜345 ページにかけて，学校文法の概要がコンパクトにまとめられています．なお，学校文法の詳細を網羅した文献は存在しないと言われています．そのため，不明な点があっても，それを解消することが困難であり，それが学校文法の大きな問題です．学校文法の基となった橋本文法の詳細を調べる場合は，岩波書店から出版されている橋本進吉博士著作集（全 11 冊）に当たることになります．
2. 益岡隆志，田窪行則，『基礎日本語文法 改訂版』，くろしお出版，1992．

　　　　この本で記述されている文法が益岡・田窪文法です．1冊の書籍で，日本語の文法の主要事項を網羅している点が非常に優れています．言語処理技術者が日本語文法を学ぶ場合は，この本を出発点とするのがよいでしょう．

 3. 日本語記述文法研究会,『現代日本語文法 1–7』, くろしお出版.
　　　　全7巻からなる日本語文法書のシリーズです．特定の言語現象に対する文法的扱いに関して，より詳しく知りたい場合は非常に重宝します．

 4. 庵功雄,『新しい日本語学入門——ことばのしくみを考える 第2版』, スリーエーネットワーク, 2012.
　　　　単なる事実ではなく，日本語（ことば）のしくみについて考えようとする場合は，この本がよい出発点になるでしょう．

 5. 一般財団法人テクニカルコミュニケーター協会,『日本語スタイルガイド 第3版』, テクニカルコミュニケーター協会出版事業部, 2016.
　　　　日本語のテクニカル・ライティングのスタンダードな教科書です．

　ここでは，具体的な書名は示しませんが，外国人向けに書かれた日本語の入門書は，非常に役に立ちます．我々日本語母語話者にとって常識的なことも，外国語として日本語を学ぶ人々にとってはそうではありません．コンピュータにとって日本語は外国語のようなものです．日本語処理システムを作るということは，なんの前提知識も仮定しないで，日本語のありようをコンピュータに（プログラムとして）教えることなのです．

第4章

形式言語とオートマトン

　本章では，言語を数学的にモデル化する方法のうち，言語を文の集合としてモデル化する方法を学びます．言語をコンピュータで処理するということは，言語を形式的（数学的）に処理することとほとんど等価です．ですから，この章の内容は，コンピュータによる言語処理の最も基礎の部分に当たります．この章では，形式文法，正規表現，オートマトンについて説明しますが，これらは，言語処理システムを作る際に必須の知識です．

4.1 言語と文

記号の集合

　言語の数学的モデルの基礎となるのは，**記号**の集合です．この記号集合は，文字の集合でも，文字列（単語）の集合でも構いません．ここでの記号とは，文字あるいは文字列を抽象化した概念で，それ以上分解できない基本要素のことです．これを集合 V と書くことにします．ここでは，一つの具体例として，英語の小文字アルファベットを集合 V とすることにします．

$$V = \{\mathrm{a, b, c, \ldots, z}\} \tag{4.1}$$

集合 V は**有限集合**（要素の数は有限）でなければなりません．有限集合は，要素をすべて列挙することによって定義することができます．

記号列の集合

　次に，記号集合 V の要素をいくつか並べたもの，すなわち，**記号列**を考え

ます．ある記号列が含む記号の数をその記号列の**長さ**と呼びます．

記号集合 V から作ることができる長さ n の記号列の集合を V^n のように書きます．長さ 1 の記号列の集合は，V 自身です．

$$V^1 = V = \{\text{a}, \text{b}, \text{c}, \ldots, \text{z}\} \tag{4.2}$$

長さ 2 の記号列の集合は，次のような集合になります．

$$V^2 = \{\text{aa}, \text{ab}, \text{ac}, \ldots, \text{az}, \text{ba}, \text{bb}, \ldots, \text{zz}\} \tag{4.3}$$

同様に，任意の長さ $n\,(n \geq 1)$ に対して，その長さを持つ記号列の集合 V^n を考えることができます．V^n は，有限集合です．

ここで，長さ 0 の記号列を導入します．これを**空記号列**(empty string) と呼び，ϵ で表すことにします（λ で表す場合もあります）．

$$V^0 = \{\epsilon\} \tag{4.4}$$

この空記号列は，数字の 0 のようなものだと考えてください．

以上の準備を経て，記号集合 V から作ることができるすべての記号列の集合 V^* を次のように定義します．

$$V^* = \bigcup_{i=0}^{\infty} V^i = V^0 \cup V^1 \cup V^2 \cup \cdots \tag{4.5}$$

集合 V^* は，記号列の長さに制限がないので，**無限集合**です．

なお，集合 V^* から空記号列を除外したものを V^+ と表記します．この記法もしばしば使います．

$$V^+ = V^* - V^0 = \bigcup_{i=1}^{\infty} V^i \tag{4.6}$$

文と非文

記号列の集合 V^* に対し，その部分集合 L を考えます．これが集合としてモデル化した言語です．といっても，すぐには納得できませんね．つまり，こういうことです．

記号集合 V は，言語で使われる語彙（語の集合）をモデル化したものです[25]．記号列とは，語の並びです．記号列集合 V^* は，すべての可能な語の並びの集合です．

可能な語の並びのすべてが，かならずしも言語の「文」になるわけではあ

---

25) 集合 V の V は，vocabulary の V です．

りません．言語では，ある特定の語の並びだけが，文法的に正しい文として認められるのが普通です．つまり，記号列集合 V^* の要素には，文として認められるものと，文として認められないもの（これを**非文**といいます）があるわけです．これらを区別するために，記号列集合 V^* の部分集合 $L(\subseteq V^*)$ を考え，次のように区分します．

$\alpha \in L$: α は，言語 L に含まれる（言語 L の文である）

$\alpha \notin L$: α は，言語 L に含まれない（言語 L の文ではない）

以上を，まとめると，次のようになります．

1. 言語の文を構成する基本要素を定義する．
   $\Rightarrow$ 記号集合 V （これは有限集合）
2. 記号集合 V に基づいて，考えられるすべての記号列が定まる．
   $\Rightarrow$ 記号列集合 V^* （これは無限集合）
3. 記号列集合 V^* の一部の要素のみを，（定義しようとしている）言語の文と認める．つまり，文の集合として，言語 L を定義する．
   $\Rightarrow L \subseteq V^*$

どうやって集合を厳密に定義するか

残された問題は，どうやって集合 L を厳格に定義するかという問題です．もし，集合 L が有限集合であれば，すべての要素（つまり文）を列挙する方法が使えます．一方，集合 L が無限集合の場合は，この方法が使えません．

たとえば，記号集合 V を英語のアルファベットとし，「記号 a と b が交互に出現する記号列を文とする言語 L」を定義することを考えましょう．伝える相手が人間であれば，このような説明で十分かもしれません．しかしながら，この説明では，

- 言語 L は，空記号列を含むのか
- 言語 L は，記号列 a や記号列 b を含むのか

という点は，明確ではありません．以下のように書けば，その点は明確になりますが，依然として，「...」を正しく解釈するためには，いわゆる常識が必要です．

$$L = L_a \cup L_b \qquad (4.7)$$

$$L_a = \{\text{a}, \text{ab}, \text{aba}, \text{abab}, \ldots\} \tag{4.8}$$
$$L_b = \{\text{b}, \text{ba}, \text{bab}, \text{baba}, \ldots\} \tag{4.9}$$

伝える相手が機械（コンピュータ）の場合は，100%揺るぎない，厳格な定義が必要となります．以降で説明する，正規表現，形式文法，オートマトンは，このために用いられる数学的デバイス（記述方法）です．

4.2 正規表現

比較的新しいプログラミング言語，たとえば，Perl, Ruby, Python などには，正規表現パターンマッチングと呼ばれる機能が組み込まれています．ここで説明する正規表現は，その数学的基礎を与えるものです．

正規表現を定義するために，まず，次のことを定めます．

準備

1. 空集合を $\boldsymbol{\phi}$ と書く．
2. 空記号列 ϵ だけから構成される文字列集合を $\boldsymbol{\epsilon}$ と書く．
3. 記号集合 V を仮定する．
4. 記号 $\text{a} \in V$ に対して，それだけを要素とする記号列集合を $\boldsymbol{a}$ と書く．
5. 記号列集合 $\boldsymbol{P}$ と $\boldsymbol{Q}$ の要素を，すべての組合せで接続したものを $\boldsymbol{PQ}$ と書く．この操作を，concatenation（連接）と呼ぶ．たとえば，

   $\boldsymbol{P} = \{\text{a}, \text{bc}\},\ \boldsymbol{Q} = \{\text{d}, \text{ef}\}$ のとき $\boldsymbol{PQ} = \{\text{ad}, \text{aef}, \text{bcd}, \text{bcef}\}$

6. 記号列集合 $\boldsymbol{P}$ と $\boldsymbol{Q}$ の和集合を $\boldsymbol{P} + \boldsymbol{Q}$ と書く．たとえば，

   $\boldsymbol{P} = \{\text{a}, \text{bc}\},\ \boldsymbol{Q} = \{\text{d}, \text{ef}\}$ のとき $\boldsymbol{P} + \boldsymbol{Q} = \{\text{a}, \text{bc}, \text{d}, \text{ef}\}$

7. 記号列集合 $\boldsymbol{P}$ に含まれる要素を任意個並べたもののすべてからなる集合（要素数は無限）を $\boldsymbol{P}^*$ と書く．これを，クリーネ閉包と呼ぶ．たとえば，

   $\boldsymbol{P} = \{\text{a}, \text{bc}\}$ のとき $\boldsymbol{P}^* = \{\epsilon, \text{a}, \text{bc}, \text{aa}, \text{abc}, \text{bca}, \text{bcbc}, \text{aaa}, \ldots\}$

定義

1. $\boldsymbol{\phi}, \boldsymbol{\epsilon}, \boldsymbol{a}$ は正規表現である（ただし，$\text{a} \in V$）．

2. P と Q が正規表現であれば，(PQ) は正規表現である．
3. P と Q が正規表現であれば，$(P+Q)$ は正規表現である．
4. P が正規表現であれば，P^* は正規表現である．

以上が正規表現の定義です．言い換えるならば，正規表現とは，連接，和集合（'+'），および，クリーネ閉包を用いて言語を定義する方法です．なお，これらの操作を表す演算子の結合の強さ（優先順位）は，

$$*（クリーネ閉包） > （連接） > +（和集合）$$

であり，不必要な括弧は省略できるものとします．

さきほどの例題に戻りましょう．記号 a で始まり，a と b が交互に現れる記号列は，$\mathbf{a(ba)^*(\epsilon+b)}$ と書け，記号 b で始まり，a と b が交互に現れる記号列は，$\mathbf{b(ab)^*(\epsilon+a)}$ と書けますから，言語 L は正規表現によって，次のように定義できます．

$$L = \mathbf{a(ba)^*(\epsilon+b) + b(ab)^*(\epsilon+a)} \tag{4.10}$$

プログラミング言語の正規表現パターンマッチングとは，文字列の一部が，ある特定のパターンにマッチするかどうかを調べるものですが（⇒ 6.3 節），これは，言い換えるならば，その文字列の部分文字列が，ある言語 L に属するかどうかを調べるということです[26]．つまり，正規表現パターンは，言語 L を定義しているのです．ただし，プログラミング言語の正規表現は，上記で示したものとは記法が異なります．具体的には，先ほどの例は，次のように記述されるのが普通です[27]．

```
/(a(ba)*b?|b(ab)*a?)/
```

言語処理では，正規表現パターンマッチングを頻繁に使用します．これについては，6.3 節で説明します．

4.3 形式文法

言語 L を定義する第 2 の方法は，**形式文法**(formal grammar) を用いる方法です．形式文法 G は，次のように定義します．

[26] このときに記号集合 V は，そのプログラミング言語が受け付ける文字集合です．

[27] ? はその前の要素があってもなくてもよいことを表します．

定義

1. **終端記号** (terminal symbol) の集合 T を定義する．
   これは，これまで出てきた記号集合 V のことです．この集合は有限でなければなりません．
2. **非終端記号** (nonterminal symbol) の集合 N を定義する．
   これは，T とは重なりがあってはいけません．つまり，$N \cap T = \phi$ です．この集合も有限でなければなりません．
3. **書き換え規則** (rewriting rule) の集合 R を定義する．
   それぞれの書き換え規則は，次のような形式をとります．

$$\alpha \to \beta \quad \alpha \in (N \cup T)^+, \ \beta \in (N \cup T)^* \tag{4.11}$$

   集合 R も有限でなければなりません．
4. 特別な非終端記号 $\sigma (\in N)$ を一つ定める．これを**開始記号**(start symbol) と呼ぶ．
5. 文法 G は，これらの四つの要素の組として定義される．

$$G = \langle N, T, R, \sigma \rangle \tag{4.12}$$

導出

どうしてこのような方法で言語が定義できたことになるのかを理解するためには，**導出**(derivation) と呼ばれる操作を学ぶ必要があります．まず，導出の具体例を説明します．ここでは，以下に示す文法 G_1 を用います．なお，本書では，形式文法の記述において，一貫して，非終端記号を大文字で記述し，終端記号を小文字で記述します．開始記号は S とします．つまり，非終端記号の集合 N，終端記号の集合 T，開始記号 σ は明示的には示さず，書き換え規則の集合 R のみを示します．

$$G_1 = \left\{ \begin{array}{l} \text{S} \to \text{a}, \quad \text{S} \to \text{a B}, \quad \text{S} \to \text{b}, \quad \text{S} \to \text{b A} \\ \text{B} \to \text{b}, \quad \text{B} \to \text{b A}, \\ \text{A} \to \text{a}, \quad \text{A} \to \text{a B} \end{array} \right\} \tag{4.13}$$

導出は，開始記号からスタートし，書き換え規則を用いて，記号列を書き換えていく操作です．たとえば，2 番目の規則 (S → a B) を用いて開始記号 S を書き換えると，次のようになります．

$S \Rightarrow aB$

このように，書き換えは，規則の左辺と一致する記号を右辺の記号列で置き換える操作です．

次に，B を規則 B → b で書き換えます．

$S \Rightarrow aB \Rightarrow ab$

これで，記号列がすべて終端記号になりましたので，導出は終了です．すなわち，導出とは，書き換え規則を用いて開始記号から終端記号列を作り出す操作を意味します．

同一の左辺をもつ規則は一般に複数あるので，これらのうちのどれを選ぶかによって，導出される終端記号列が変わってきます．たとえば，上記の文法では，次のような終端記号列も導出できます．

$S \Rightarrow bA \Rightarrow baB \Rightarrow babA \Rightarrow baba$

このように，導出という操作を規定することにより，ある文法において導出できる終端記号列が定義されることになります．

この導出という操作を用いて，文法 G によって定義される言語 L を，次のように定めます．

開始記号に対して，書き換え規則を何回か適用した結果得られる終端記号の列 γ が，文法 G によって定義される言語 L の文である．

$$L(G) = \{\gamma | \gamma \in T^*, \sigma \stackrel{*}{\Rightarrow} \gamma\} \qquad (4.14)$$

ここでは，導出（任意回の書き換え）を $\stackrel{*}{\Rightarrow}$ で表しました．

導出木

ここまでは，導出過程を，

$S \Rightarrow bA \Rightarrow baB \Rightarrow babA \Rightarrow baba$

のように記述してきましたが，これと同等の情報を，図 4.1 のような木構造（⇒ 6.2.5 項）として表現することができます．これを**導出木**(derivation tree)と呼びます．

導出木は，文の構造を表すものとみなすことができます．導出木において，親子の関係が，適用された書き換え規則を表しています．葉節点（子を持た

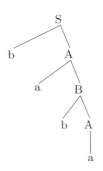

図 **4.1** 導出木

ない節点）を左から順に集めると，その導出木によって導出された終端記号列が得られます．

4.4 正規文法

ある文法 G の書き換え規則が，すべて下記のいずれかの形式をとる場合，その文法を**正規文法**(regular grammar) と呼び，定義される言語を**正規言語**(regular language) と呼びます．

$$A \to a \quad (A \in N, \ a \in T) \tag{4.15}$$

$$A \to aB \quad (A, B \in N, \ a \in T) \tag{4.16}$$

上記の条件は十分条件です．つまり，すべての書き換え規則がこのような形式をとらない場合でも，生成する言語が正規言語となる場合があります．ここでは説明しませんが，その場合は，文法の等価変換により，上記の形式の文法に変換することができます．

正規文法は，正規表現と同等の表現力を持ちます．つまり，正規文法で定義できる言語は，正規表現でも定義でき，逆も真です．すでに気づいていると思いますが，式 (4.13) の正規文法で定義される言語は，式 (4.10) の正規表現で定義される言語と同一です．

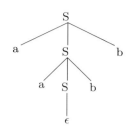

図 4.2 再帰的構造を持つ導出木

4.5 文脈自由文法

ある文法 G のすべての書き換え規則が下記の形式をとる場合，その文法を**文脈自由文法**(context-free grammar, CFG) と呼び，定義される言語を**文脈自由言語**(context-free language) と呼びます．

$$A \to \alpha \quad (A \in N, \ \alpha \in (N \cup T)^*) \tag{4.17}$$

たとえば，a が $n\,(n \geq 0)$ 個続き，その後に b が同じ数だけ続くような記号列だけを文と認める言語は，CFG で次のように定義できます．

$$G_2 = \{\mathrm{S} \to \epsilon, \ \mathrm{S} \to \mathrm{aSb}\} \tag{4.18}$$

この文法による aabb の導出木は，図 4.2 のようになります．この図からわかるように，CFG は，再帰的構造を持つ導出木を作ることができます．一方，正規文法では，このような再帰的構造を作り出すことはできません．4.6 節で述べますが，正規文法が作り出せるのは，繰り返し構造のみです．

なお，a が $n\,(n \geq 1)$ 個続き，その後に b が同じ数だけ続くような記号列だけを文と認める言語の書き換え規則集合は，次のように定義できます．

$$G_3 = \{\mathrm{S} \to \mathrm{ab}, \ \mathrm{S} \to \mathrm{aSb}\} \tag{4.19}$$

文脈自由文法は，自然言語処理において利用価値が高い文法です．たとえば，英語の文法の骨格は，次のような規則集合になります．

$$G_4 = \left\{ \begin{array}{llll} \text{S} \rightarrow \text{NP VP} & & & \\ \text{VP} \rightarrow \text{V}, & \text{VP} \rightarrow \text{V NP}, & \text{VP} \rightarrow \text{VP PP} & \\ \text{NP} \rightarrow \text{N}, & \text{NP} \rightarrow \text{DET N}, & \text{NP} \rightarrow \text{PRON} & \text{NP} \rightarrow \text{NP PP} \\ \text{PP} \rightarrow \text{P NP} & & & \end{array} \right\}$$
(4.20)

この文法において，S, VP, NP, PP は，文，動詞句，名詞句，前置詞句を表し，V, N, PRON, DET, P は，それぞれ，動詞，名詞，代名詞，冠詞，前置詞を表します．後者は，**pre-terminal**（終端記号の手前の記号の意）と呼ぶことがあります．なぜなら，そのすぐ下に，終端記号である単語が接続することになるからです．

ここで，適当な辞書を仮定します．ここでの辞書とは，次のような，pre-terminal を終端記号に書き換える規則集合のことです．なお，'I' は大文字ですが終端記号とします．

$$D_4 = \left\{ \begin{array}{llll} \text{V} \rightarrow \text{see}, & \text{V} \rightarrow \text{saw}, & \text{V} \rightarrow \text{run}, & \ldots \\ \text{N} \rightarrow \text{girl}, & \text{N} \rightarrow \text{boy}, & \text{N} \rightarrow \text{telescope}, & \ldots \\ \text{PRON} \rightarrow \text{'I'}, & \text{PRON} \rightarrow \text{you}, & \ldots & \\ \text{DET} \rightarrow \text{a}, & \text{DET} \rightarrow \text{the} & \ldots & \\ \text{P} \rightarrow \text{with}, & \text{P} \rightarrow \text{at}, & \ldots & \end{array} \right\}$$
(4.21)

このような辞書を仮定すると，図 4.3 に示すような導出木を作ることができます．

この図の二つの導出木は，いずれも "I saw a girl with a telescope" という文に対応するものですが，その構造は異なります．前者は，(I (saw (a girl)) (with (a telescope))) のようにまとまっており，「少女を望遠鏡で見た」と解釈できます．これに対して後者は，(I (saw ((a girl) (with (a telescope))))) のようにまとまっており，「望遠鏡を持っている少女を見た」と解釈できます．つまり，適切な文法を定義すれば，導出木を文の構文構造と同一視することができます．

ここまでの話は，開始記号から文（終端記号列）を生成する方向で話を進めてきましたが，これとは逆に，終端記号列が与えられたとき，その列がある文法 G によって定義される言語 L に含まれるかどうかを調べるという方向も考えられます．もし，その終端記号列が文であった場合は，当然のことながら，導出木が存在することになります．このような操作，つまり，終端記号列から導出木を求める操作を，**構文解析**(parsing) と呼びます．この場合は，

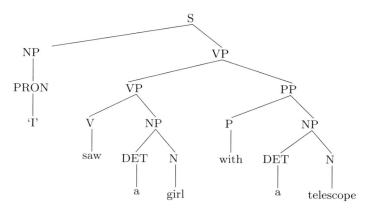

(a) (I (saw (a girl)) (with (a telescope)))

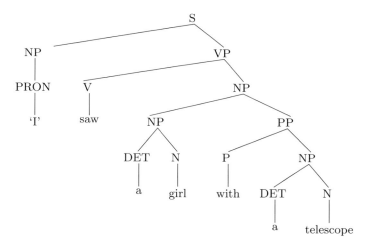

(b) (I (saw ((a girl) (with (a telescope)))))

図 4.3　二つの導出木

導出木のことを，**解析木**(parse tree) と呼ぶのが普通です．

　図 4.3 に示すように，解析木は一つに定まるとは限りません．これを，構文解析における**曖昧性**(ambiguity) と呼びます．

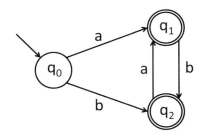

図 4.4 有限状態オートマトンの模式図

4.6 有限状態オートマトン

言語を定義する第3の方法は，**オートマトン**(automaton(単), automata(複))による定義です．オートマトンの一つである**有限状態オートマトン**(finite-state automata) は，数学的に，次のように定義されます．

$$M = \langle K, V, \delta, q_0, F \rangle \tag{4.22}$$

1. 状態の集合 $K = \{q_0, q_1, \cdots, q_n\}$（有限集合）
2. 入力記号の集合 V（有限集合）
3. 状態遷移関数 δ
   状態遷移関数は次の形式をとり，ある状態 q_i で入力 a が与えられたら，状態 q_j へ遷移することを表す．

$$\delta(q_i, a) = q_j \tag{4.23}$$

4. 初期状態 $q_0 \in K$
5. 最終状態の集合 $F \subset K$

オートマトンの具体例を模式図を使って説明しましょう（図 4.4）．この図の円または二重円が状態です．状態のうち，最終状態は二重円で表します．この例の場合，q_1 と q_2 が最終状態です．開始状態 (q_0) は，状態以外のところからその状態に入る矢印を書いて示します．状態間をつなぐ矢印が状態遷移関数を表します．

オートマトンは，入力に応じて状態間を遷移する計算モデルです．たとえば，いま，入力が順に aba だとしましょう．スタートは，いつでも開始状態です．

1. 開始状態 q_0 において a が入力されたので，矢印（状態遷移関数）に従って，状態 q_1 に遷移する．
2. 状態 q_1 において b が入力されたので，状態 q_2 に遷移する．
3. 状態 q_2 において a が入力されたので，状態 q_1 に遷移する．
4. 入力がなくなり，最終状態の一つである状態 q_1 にいる．このとき，「この入力を**受理**(accept) した」という．

このように，オートマトンは開始状態からスタートして，入力に従って状態を遷移していき，入力がなくなった時点で終了状態にいれば，その入力（記号列）を受理したといいます．入力がなくなった時点で終了状態にいなかったり，途中で状態遷移ができなくなった場合は，受理しなかったこととします．受理する記号列の集合が，オートマトンによって定義される言語 L です．

有限状態オートマトンと正規文法は同等の能力を持ちます．すなわち，有限状態オートマトンで定義できる言語は，正規文法でも定義できますし，その逆も真です．図 4.4 のオートマトンが受理する言語は，式 (4.13) の正規文法で定義される言語と同一です．

有限状態オートマトンと正規文法が等価であることを利用すると，正規文法が作り出すことができる構造は繰り返し構造のみで，再帰的な構造を作り出すことはできないことが，比較的簡単に理解できます．すなわち，図 4.4 のようなオートマトンにおいて，ループが存在すれば，無限に長い文字列を作り出すことができます．しかし，その文字列では，そのループの 1 周に相当する文字列が何度も繰り返されるだけです．

ここでは，有限状態オートマトンを，言語を定義する一つの方法として紹介しましたが，ここで使われる**状態遷移**(state transition) は，非常に応用範囲が広い考え方です．自動ドア，エレベーター，自動販売機など，我々の身の回りにある機械の動作は，状態遷移の考え方でモデル化できます．言語処理システムでも，たとえば，対話システムの制御などに，状態遷移の考え方が用いられています．

4.7　Finite-State Transducer

有限状態オートマトンは記号列を受理するか否かを決定する計算モデルですが，これを拡張して，ある入力から，それに対応する出力を作り出すように

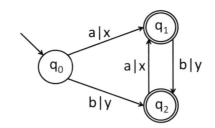

図 4.5　FST の模式図

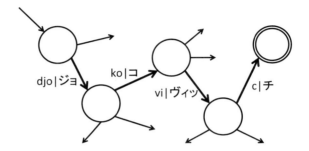

図 4.6　トランスリタレーションを実現する FST

したものが，finite-state transducer (FST) です．これは，状態遷移関数を，ある状態 q_i で入力 a が与えられたら状態 q_j へ遷移することを表す，

$$\delta(q_i, a) = q_j \tag{4.24}$$

から，ある状態 q_i で入力 a が与えられたら <u>記号 o を出力して</u> 状態 q_j へ遷移する，

$$\delta(q_i, a) = \langle q_j, o \rangle \tag{4.25}$$

に拡張することによって実現できます．

　図 4.5 に，FST の模式図を示します．この図では，入力と出力の関係を「入力 | 出力」として記述しました．この FST では，たとえば，aba という入力に対して，xyx という出力が得られます．

　第 1 章で利用した MeCab の実行モデルは，FST そのものです．すなわち，MeCab の内部には，図 4.6 のような FST が構成されており，これを用いて，入力 djokovic から出力「ジョコヴィッチ」を作り出します．このように，FST は，言語処理のための変換器として，しばしば用いられます．

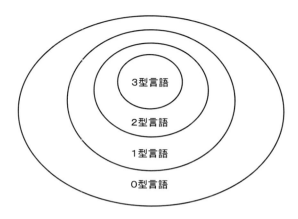

図 4.7　チョムスキーの階層

4.8　チョムスキーの階層

　形式言語（あるいは文法）には，**チョムスキーの階層**と呼ばれる包含関係があることが知られています（図4.7）．広いほうから **0 型言語**，**1 型言語**，**2 型言語**，**3 型言語**と呼ばれます．

　一番狭いクラスである 3 型言語は，正規言語のことです．正規表現，正規文法，有限状態オートマトンによって定義できる言語です．自然言語処理システムの実装においては，正規表現パターンマッチングや Finite-State Transducer の知識は，なくてはならないものです．なお，言語 L が有限集合の場合は，言語 L は正規言語です[28]．

　その次に狭いクラスである 2 型言語は，文脈自由言語のことです．文脈自由文法で定義できる他，**プッシュダウンオートマトン**と呼ばれるオートマトンで定義することもできます．日本語や英語などの自然言語の文法は，文脈自由文法によって近似的に定義することができます．

　1 型言語は**文脈依存文法**によって定義できる言語，0 型言語は**句構造文法**あるいは**チューリングマシン**によって定義できる言語です．計算の理論において，チューリングマシンは非常に重要なモデルですが，言語処理においては，それほど表舞台には出てきません．

[28] 形式言語がモデル化しようとしている対象は，主に，無限集合としての言語です．つまり，言語の無限の生産性を説明しようとしています．

4.9 この章のまとめ

　この章では，言語を文の集合としてモデル化する方法について述べました．その要点は，次のとおりです．

1. 言語の文を構成する基本要素を定義する．
   ⇒ 記号集合 V　（有限集合）
2. 記号集合 V に基づいて，考えられるすべての記号列が定まる．
   ⇒ 記号列集合 V^*　（無限集合）
3. 記号列集合 V^* の一部の要素のみを，（定義しようとしている）言語の文と認める．つまり，文の集合として，言語 L を定義する．
   ⇒ $L \subseteq V^*$
4. 言語 L を定義するための数学的デバイスとして，正規表現，形式言語，オートマトンがある．

　本章で述べた言語のモデル（形式言語）は，自然言語の数学モデルでもありますが，その一方で，任意の記号列集合を，言語としてモデル化する方法を提供しています．たとえば，特定のプログラミング言語の文法は，形式言語によって定義されます．ウェブページの記述に使われる HTML や非定型データの記述に使われる XML のような人工言語も，形式言語によってその文法が定義されています．少し不正確な言い方を認めるとするならば，あらゆる形式やフォーマットは，形式言語によって定義できると言ってしまってもいいかもしれません．

　言語処理システムでは，すべての言語表現を処理対象とするのではなく，その一部を処理対象とするのが普通です．「その一部」は，言語表現の部分集合であり，形式言語でモデル化できます．たとえば，ある商品についてのレビューから，その商品の問題点を記述した文のみを抽出する課題を考えましょう．ここで行うことは，結局，「商品の問題点を記述した文」のみからなる言語（部分言語）を定義するということに他なりません．このように，言語処理の課題の中には，部分言語を定義する問題に帰着できるものがかなりあります．特定の文や表現を抽出する問題は，すべて部分言語を定義する問題になります．

　このとき，その部分言語が正規言語のクラスに収まるのであれば，正規表現パターンによって抽出することが可能です．一方，正規言語のクラスに収

まらず，文脈自由言語のクラスとなるのであれば，正規表現パターンだけで抽出器を作ることはできません．このような判断を即座に下すためには，本書で述べた形式言語（とオートマトン）の知識をマスターしておく必要があります．

本章の内容は，コンピュータ科学の「形式言語とオートマトン」と呼ばれる科目のごくごく基礎に相当します．この科目は，数学的定義と証明が跋扈しており，とっつきにくい科目であることは否めません．しかしながら，言語処理システムを作る際に知っておくべきエッセンスは，それほど多くはありません．

もう少し詳しく学びたい場合で，英語が苦にならないのであれば，以下の教科書を薦めます．

1. Alan P. Parkes, *A Concise Introduction to Languages and Machines*, Springer, 2008.
   この本では，直感的理解に重きを置いた説明がなされています．まずは，この本のパートIの第1章から第6章を学べば十分でしょう．

日本語で書かれた「形式言語とオートマトン」の教科書はかなりたくさんあります．具体的な書名は挙げませんので，図書館や大きな書店で，自分に合った1冊を見つけてください．

第5章

言語統計と確率的言語モデル

　言語を数学的に捉える第2のモデルは，確率的言語モデルと呼ばれるものです．このモデルは，観測されるデータに基づいて作成します．2000年以降，言語処理では言語データ（コーパス）に基づく方法が主流となりました．本章では，その基礎となる言語統計と確率的言語モデルについて述べます．

5.1　n-gram 統計

5.1.1　タイプとトークン

　前章では，言語を文の集合としてモデル化しました．集合は要素の重複を許しませんから，まったく同じ文は一つしか考えません．そこでの興味は，ある文が言語に含まれるか否かでしたから，集合としてモデル化するのが適切でした．

　これに対して，本章では，文のリストを言語と考えます．その違いは，重複を考慮するという点です．本章の興味は，ある文がどれくらいの確率で生起するか（出現するか）です．ですから，よく現れるものと，あまり現れないものを区別します．

　重複を考慮するために，**タイプ**（異なり）と**トークン**（延べ）という用語を導入します．タイプとは，いわゆる種類のことで，同じものは何回現れても一つと数えます．これに対してトークンは，種類を無視した数え方です．つまり，同じものが2回現れたら2と数えます．テキストでは，文字，単語，文などにおいて，同じものが複数回出現しますから，タイプを数えるのか，トークンを数えるのかで，数は異なってきます．

表 5.1 Uigram 統計

記号	回数	出現確率
a	9	9/17
b	4	4/17
c	4	4/17

本章では，記号列（文）のリストのことを，**コーパス**と呼びます．このコーパスの性質を明らかにし（言語統計），その確率モデル（確率的言語モデル）作ることが，本章の内容です．

5.1.2 n-gram

あるコーパスが与えられたとき，それぞれの記号（タイプ）の出現回数を数えることができます．同様に，二つの連続する記号（長さ 2 の記号列）の出現回数も数えることができます．一般に，長さ n の記号列のことを，**記号 n-gram** と呼びます．n が 1 から 3 の場合は，次の用語を用いるのが一般的です．

$n = 1$ 　unigram（ユニグラム）　　（記号それ自身）
$n = 2$ 　bigram（バイグラム）
$n = 3$ 　trigram（トライグラム）

ここで，「記号」と総称しましたが，記号が文字の場合は**文字 n-gram**，単語の場合は**単語 n-gram** と呼ばれます．

ここでは，非常に簡単なコーパスを考えましょう．このコーパスは，$\{a, b, c\}$ の 3 種類のタイプの記号のみが使われており，七つの記号列から構成されています．

(a, ab, ac, a, aca, bac, ab, abc)

各記号の出現回数を数えると，表 5.1 のようになります．出現する記号のトークンの総数は 17 ですから，それぞれの出現回数をその数で割った値が，このコーパスから推定される出現確率です．このような推定方法は，**最尤推定**と呼ばれます[29]．

このような表は **unigram 統計**と呼ばれます．この表から，このコーパスでは記号 a が最もよく現れることがわかります．余談ですが，英語の文章で最もよく現れる文字は，e であることが知られています．この事実を使って暗号を解く有名な推理小説に，コナン・ドイルの『踊る人形』があります．

[29] 最尤推定については，文献 [22] の 1.5 節にわかりやすい説明があります．

表 5.2　Bigram 統計

x_{i-1}	x_i	回数	遷移確率
EOS	a	7	7/8
EOS	b	1	1/8
a	EOS	3	3/9
a	b	3	3/9
a	c	3	3/9
b	EOS	2	2/4
b	a	1	1/4
b	c	1	1/4
c	EOS	3	3/4
c	a	1	1/4

表 5.3　遷移確率

	a	b	c	EOS
EOS	7/8	1/8	0	0
a	0	3/9	3/9	3/9
b	1/4	0	1/4	2/4
c	1/4	0	0	3/4

　Bigram に対しても同じような表を作ってみましょう．今度は，それぞれの記号に対して，その直後にどのような記号が続くかを数えます．そのため，記号列（文）の先頭や末尾をどうするかについて定めなければなりません．ここでは，記号列の先頭と末尾に EOS という特別な記号を仮定しました[30]．これは，コーパスを次のような長い記号列とみなすことに相当します．

　　EOS a EOS a b EOS a c EOS a EOS a c a EOS b a c EOS a b EOS a b c EOS

このコーパスの bigram 統計を表 5.2 に示します．

　この表の遷移確率 $P(x_i|x_{i-1})$ をマトリックスで表示すると表 5.3 のようになります[31]．この表から，記号列の先頭には記号 a が現れやすいこと，記号 c が来たらそこで記号列が終わることが多いことなどがわかります．

　このようにコーパスの統計をとると，そのコーパスに含まれる記号（語）や記号列（文）の傾向が見えてきます．

[30] EOS は End of Sentence の意です．日本語では句点がこれに相当します．

[31] $P(z|y)$ は，**条件付き確率**と呼ばれ，一般には，事象 y が起きたことがわかっている場合において，事象 z が起きる確率を表します．

5.2 二つの経験則

自然言語のテキスト（コーパス）には，経験的に成り立つ法則がいくつか存在します．

5.2.1 Zipfの法則

第一に知っておくべき法則は，**Zipfの法則** (Zipf's Law) です．この法則は，テキストあるいはコーパスにおいて，単語の頻度を f，頻度の多いほうから並べた場合の単語の順位を r とするとき，つぎの関係が経験的に成り立つというものです [23]．ここで，C は定数です．

$$r \times f = C \tag{5.1}$$

この法則が言わんとするところは，r 番目に多く現れる単語の頻度 f は，最もよく現れる単語の r 分の 1 であるということです．ここで，順位が r 位の単語の頻度を f_r と表すことにすると，

$$f_r = \frac{C}{r} \tag{5.2}$$

となりますから，両辺の対数をとると，

$$\log f_r = -\log r + C' \tag{5.3}$$

となります．つまり，両対数のグラフを描くと，r と f_r の関係は直線になるということです．図 5.1 に，ウィキペディア（30ヶ国語版）における単語の出現頻度と順位の関係のグラフを示します．このグラフのとおり，Zipfの法則は，現実を比較的よく反映しています．

Zipfの法則の意味をもっと簡潔に言うのであれば，「単語の頻度の分布は非常に偏っている」ということです．つまり，非常によく現れる少数の単語の出現がトークン全体の多数を占める一方で，1 回しか現れない単語も数多く存在するということです．オリジナルのZipfの法則は，単語の頻度分布に対する経験則ですが，言語現象のいたるところで，同じような経験則が成り立ちます．ある特定の状況（たとえば，ホテルのフロントでの会話）においてよく使われる表現や文は比較的少数で，それらのトークンの総和は全体のかなりの部分を占めます．

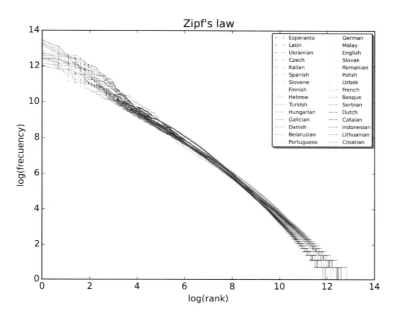

図 5.1 ウィキペディア（30ヶ国語版）における単語の出現頻度（y軸）と順位（x軸）の関係（両対数グラフ）

出典：https://commons.wikimedia.org/wiki/File:Zipf_30wiki_en_labels.png
This file is licensed under the Creative Commons Attribution-Share Alike 4.0 International license.
License details: https://creativecommons.org/licenses/by-sa/4.0/

　ある意味で，言語処理システムが機能するのは，このような言語の性質が存在するからです．たとえば，質問応答システムは，すべての質問に答えられるわけではありません．答えられる質問は，可能な質問（タイプ）のうちのほんの一部にすぎません．しかしながら，頻度が高い質問の上位 r 位までで，質問（トークン）全体の大多数（たとえば，80%）を占めるのであれば，それらの質問に答えられるようにすれば，80%はうまく答えられるシステムを実現することができるのです．その一方で，あらゆる質問に答えられるようなシステムを実現することは，絶望的に難しいということでもあります．トークンの総数が大きくなれば，頻度が1回であるタイプは，膨大な数にのぼることになります．これは，**ロングテール**と呼ばれます．

　このような現象は，言語に限らず，社会のいたるところで観察されます．経済の分野では，同様の現象が**パレートの法則**（あるいは，80:20の法則）として知られています．これは，全体の大部分は，全体を構成するうちの一部の要素が生み出しているという理論で，次のような現象を説明するものです．

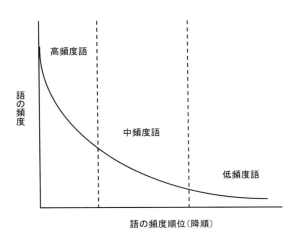

図 5.2 二つの閾値による分割

- 商品の売上の8割は，全商品のうちの2割の商品（タイプ）の売上が占める．
- 仕事の成果の8割は，費やした時間全体のうちの2割の時間によって生み出されている．

5.2.2 Luhn の知見

Zipf の法則は，テキストにおける単語の頻度分布が偏ることを示していますが，単語の種類と頻度の関係についてもある種の経験則があります．いま，あるテキストに現れる単語を，その頻度順（降順）に並べたとしましょう．ここで，二つの閾値を設定すると，単語を，高頻度語，中頻度語，低頻度語の三つのグループに分けることができます（図 5.2）．このとき，それぞれのグループに含まれる単語は，次のような傾向を示すことが経験的に知られています．

- **高頻度語**の多くは，一般的な語 (common words)，つまり，どんなテキストにおいてもよく現れる基本語である．
- **中頻度語**には，そのテキストの内容と強い関係を持つ重要語が含まれる．
- **低頻度語**には，雑多な語が含まれる．

多くの場合，高頻度語の上位は**機能語**が占めます．機能語とは主に文法的に働く語のことで，英語では冠詞，前置詞，be 動詞など，日本語では助詞や（学校文法でいう）助動詞などのことです．実際，国立国語研究所がまとめた日本語の語の頻度表 [24] の上位 10 位には，次の語が並びます．

の，に，は，た，を，だ，が，て，と，ます

　機能語以外の基本語とは，日本語では，たとえば，「事（17位）」，「言う（19位）」，「する（22位）」，「ある（25位）」，「思う（34位）」などの語です．一般に，高頻度語となる語のリストは，どんなテキストにおいてもそれほど変わりません．

　一方，中頻度語に現れる単語は，個々のテキストによって大きく変わります．そして，それらの中には，そのテキストの内容と強く関係する語が含まれます．ですから，中頻度語のリストを見れば，そのテキストのおおよその内容がわかります．テキストのキーワードを選ぶ際は，中頻度語から選ぶのが適切です．

　すでに述べたように，語の分布はロングテールです．つまり，低頻度語は数多く存在します．これらの語は，テキストの内容とそれほど強い関連性を持ちません．

　語がこのように分布することを最初に指摘したのは Luhn [25] です．この論文は，テキストの自動要約の出発点として有名な論文ですが，重要な文を決定するための基礎となる語の重要度に関して，上記のような分析，つまり，中頻度語が重要語となることについて述べています．

　この研究を祖とする方法は脈々と受け継がれています．たとえば，重要な語を計算する際に，あらかじめ対象外とする語（**ストップワード**）を定め，これらの語を除外することは，いまでもよく使われる方法です．ストップワードには，高頻度な一般語を選びます．より巧妙に一般語を排除する方法として，**tf.idf 法**が考案されています．この方法では，ある文書（テキスト）における語の頻度 (term frequency, tf) の他に，ある文書集合全体において，その語がいくつの文書に現れるか（文書頻度, document frequency, df）を考慮し，tf に df の逆数 (inverse) を掛けた指標を用いて重要語を選びます．一般語の df は大きな値をとりますので，その逆数は小さな値となり，この小さな値を掛けることにより一般語の指標は小さくなります．いずれにせよ，あるテキストにおける語の重要度の計算には，語の分布が偏るという経験的事実が利用されています．

5.3 言語統計の実際

日本語の各種統計をまとめた本に，『図説日本語』[26] があります．この本が出版されたのは 1982 年で，かなり時間が経っていることは否めませんが，この本に匹敵する資料集は，これ以降，出版されていません．国立国語研究所は 2011 年に『現代日本語書き言葉均衡コーパス (BCCWJ)』(⇒ 6.5.4 項) の編纂を完了しましたが，このコーパスに基づく統計資料の出版が待たれるところです．

BCCWJ は，現代日本語初の大規模な**均衡**コーパスです．均衡コーパスとは，母集団（この場合は，現代日本語の書き言葉の総体）から，適切なサンプリングに基づいて選ばれたサンプルテキストの集合であり，母集団の統計的性質を継承する部分集合です．ですから，日本語の書き言葉全体に対する言語統計を求めるのに最も適切なコーパスです．さらに，このコパースでは，それぞれのサンプルテキストを文に分割し，それぞれの文を短単位または長単位に分割した解析済みデータが提供されていますので，各種の統計をとるのに向いています．しかしながら，実際に統計をとる段になると，いろいろな問題に遭遇します．その一番の理由は，現実のテキストは，我々が想像するような規範的な文の並びとはほど遠いものであるということに起因します．

たとえば，言語統計を計算する際には，以下のような問題をどう扱うかを決めなければなりません．

- セクションタイトルや箇条書きなど，句点を持たないテキストの断片が数多く存在する．これらは，文とみなしてよいのか．
- 直接引用の形式で句点を持つものを，どう扱うか．たとえば，「『あとでね．』と彼女は言った．」は，1 文とみなすべきか．あるいは，2 文とみなすべきか．
- 文の途中に数式や記号などが現れる．単語数を数えるとき，これらはどう数えればよいか．
- 句点，読点，引用記号などの記号は，単語とみなしてよいのか．

統計量の一例として，表 5.4 に，我々が BCCWJ の固定長サンプルの一部（出版-書籍と図書館-書籍）を対象に計算した文の特徴量の最小値，最頻値，中央値，平均値，最大値を示します [27]．この表の「擬似的な文も含む」は上に述べた句点を持たないテキストの断片も含む場合で，「句点を持つ文のみ」

表 5.4 BCCWJ 固定長サンプルの言語統計

分類	特徴量の種類	擬似的な文も含む					句点を持つ文のみ				
		最小	最頻	中央	平均	最大	最小	最頻	中央	平均	最大
長さ (個数)	文字数	1*	14	28	35.1	6093	1*	23	33	40.2	6093
	短単位語数	1	10	18	22.0	3285	1*	16	21	25.2	3285
	長単位語数	1	9	15	18.3	2923	1*	13	18	21.0	2923
	文節数	0*	3	6	7.9	1432	1	6	8	9.0	1432
読点 (個数)		0	0	1	1.2	63	0	1	1	1.4	61
表記 (割合)	ひらがな	0	0	52.9	49.4	100.0	0	50	54.5	53.3	97.6
	漢字	0	0	28.0	29.7	100.0	0	33	28.6	29.1	97.2
	その他	0	7	14.0	21.0	100.0	1.0	7	12.5	17.6	100.0
語種 (割合)	和語	0	0	62.8	58.0	100.0	0	67	65.0	62.8	97.1
	漢語	0	0	15.4	18.5	100.0	0	0	15.4	17.2	91.7
	その他	0	13	18.2	23.5	100.0	1.2	13	16.7	20.1	100.0
品詞 (割合)	助詞・助動詞	0	0	35.7	32.4	100.0	0	33	37.0	35.7	85.7
	名詞・代名詞	0	33	28.1	30.8	100.0	0	33	27.6	28.0	100.0
	動詞	0	0	11.5	11.2	100.0	0	0	12.5	12.5	66.7
	形状詞・連体詞・副詞・形容詞	0	0	3.3	5.1	100.0	0	0	4.3	5.5	90.9
	その他	0	13	16.7	20.3	100.0	0	13	15.6	18.2	100.0
難易度 (難しい短単位語の個数)		0	0	1	2.0	301	0	1	2	2.3	301

注：固定長サンプルは 1000 字であるが，サンプル部分を少しでも含む文は，その文全体を調査対象とした．このため，文字長は 1000 字を超える場合がある．なお，'*' を付与した数字は，TSV データの誤りと思われる．

はその名のとおり，句点を持つ文のみを対象とした場合です．どの範囲を対象とするかによって，たとえば，文の長さの統計量は，かなり異なってくることがわかります．

以上のように，テキストあるいはコーパスがあれば，自動的に言語統計が計算できるというわけにはありません．第 3 章で述べたように，日本語の語の単位は自明ではありませんから，語に関する統計は語の単位を定めなければ計算することができません．定めた単位に従って，コーパスを正確に語に分割することも必要です．信頼に足る言語統計を作るためには，その言語に対する専門知識が必要です．

5.4 確率的言語モデル

確率的言語モデルとは，記号 $x \in V$ の記号列（時系列），

$$\mathbf{x} = x_1 x_2 x_3 \cdots x_L \tag{5.4}$$

に対して，その確率 $P(\mathbf{x})$ を与えるモデルのことです．前章の数学モデル（形式言語）では，記号列 $\mathbf{x}$ が文として認められるかどうかを問題にしましたが，

確率的言語モデルでは，記号列 $\mathbf{x}$ がどれくらい生起しやすいか（出現しやすいか）を問題とします．$P(\mathbf{x}) = 0$ となる記号列 $\mathbf{x}$ はまったく出現しないわけですから，文と非文を区別する能力を持ちますが，そこには力点は置かれません．通常，すべての記号列 $\mathbf{x}(\in V^*)$ に対して，0 より大きな確率を割り当てます．

一般に，コーパスから $P(\mathbf{x})$ を計算する場合，なんらかの仮定を置き，この確率を近似的に計算します．

5.4.1 マルコフ過程とマルコフモデル

ある記号の出現確率が，直前の m 個の記号によって決定される確率過程を**マルコフ過程**（m **次マルコフ過程**）と呼びます．この場合，ある記号 x_i の出現確率を，次のような条件付き確率で書くことができます．

$$P(x_i|x_{i-m}\cdots x_{i-1}) \tag{5.5}$$

特に，$m=1$ の場合を**単純マルコフ過程**と呼びます．この場合，ある記号 x_i の出現確率は，次のような式となります．

$$P(x_i|x_{i-1}) \tag{5.6}$$

記号の出現がマルコフ過程に従うことを仮定する確率モデルを**マルコフモデル**と呼びます．マルコフモデルでは，記号列 $\mathbf{x}$ の出現確率は，次のような式となります．

$$P(\mathbf{x}) = \prod_{i=1}^{L} P(x_i|x_1\cdots x_{i-1}) \tag{5.7}$$

言語処理では，$n-1$ 次マルコフモデルのことを，n-**gram モデル**と呼ぶのが普通です．この n-gram モデルが，言語処理において最もよく用いられる確率的言語モデルです．

5.4.2 n-gram モデルの作成

ここでは，コーパスから n-gram モデルを作成することを考えます．これは，一般に，**言語モデルの学習**と呼ばれます．ここで注意しなければならないことは，どんなに大きなコーパスを用意しようとも，それは対象とする言語のある部分集合（有限のサンプル）にすぎず，本来的には言語に存在する

（出現する）はずの語や文であっても，そのサンプルコーパスに出現しないことが往々にして起きるということです．すでに述べたように，言語においては Zipf の法則が経験則として成り立ちますから，低頻度のものは数多く存在します．これらの大多数は，有限のサンプルコーパスでは観察されない可能性が高いのです．そのため，実際のコーパスから推定される確率（最尤推定による確率）をなんらかの方法で補正する必要があります．

ここでは，あるコーパスから bigram モデルを作ることを考えましょう．Bigram モデルでは，記号列 **x** の生起確率は，次のような式になります．

$$P(\mathbf{x}) = \prod_{i=1}^{L} P(x_i | x_{i-1}) \tag{5.8}$$

この式は，確率 $P(x_i | x_{i-1})$ の値があれば計算できます．補正のことをまったく考えないのであれば，これらの確率の値は，与えられたコーパスから最尤推定によって求めるのが適切でしょう．

$$P(x_i | x_{i-1}) \stackrel{\text{MLE}}{=} \frac{f(x_{i-1} x_i)}{f(x_{i-1})} \tag{5.9}$$

ここで，$f(\mathbf{s})$ は，コーパスにおける記号列 **s** の出現回数（頻度）を表すものとします．$f(x_{i-1})$ は長さ 1 の記号列 x_{i-1} の出現回数，$f(x_{i-1} x_i)$ は長さ 2 の記号列 $x_{i-1} x_i$ の出現回数です．この確率は，5.1.2 項の遷移確率に対応します．

Bigram モデルの作成の骨子は，以上のとおりなのですが，実際には，補正を含めて色々なことを考える必要があります．

まず，記号列の先頭と末尾（文頭と文末）をどうするかを考える必要があります．ここでは，5.1.2 項と同様に末尾に特別な記号 EOS を付与します．つまり，記号列，

$$\mathbf{x} = (x_1, x_2, \ldots, x_n) \tag{5.10}$$

を，

$$\mathbf{x} = (x_1, x_2, \ldots, x_n, x_{n+1}) \tag{5.11}$$

のように拡張し，$x_{n+1} = $ EOS とします．この拡張に対応するために，式 (5.8) を次のように変更します．

$$P(\mathbf{x}) = \prod_{i=1}^{L+1} P(x_i|x_{i-1}) \tag{5.12}$$

この計算を行うためには，$P(x_1|x_0)$ の値が必要ですから，x_0 も考えなくてはなりません．これも便宜的に $x_0 = \texttt{EOS}$ としておきます．

ここからは，0-gram モデル，unigram (1-gram) モデル，bigram (2-gram) モデルを，順に構成していきます．

まず，記号集合 V に含まれる記号が等確率で生成されるようなモデル（一様分布）を考えます．これを，0-gram モデルと呼びます．なお，5.1.2 項とは異なり，記号集合 V には，EOS が含まれるものとします．このとき，記号 $x \in V$ の生起確率は，

$$P_0(x) = \frac{1}{|V|} \tag{5.13}$$

となりますから，

$$P_0(\mathbf{x}) = \prod_{i=1}^{L+1} P_0(x_i) = \left(\frac{1}{|V|}\right)^{L+1} \tag{5.14}$$

となります．ここで，この式を計算するためには，記号集合 V のサイズ $|V|$ が必要であることに注意してください[32]．

次に，unigram モデルを考えます．これは，それぞれの記号の生起確率が，その記号自身によって定まるというモデルです．記号 $x \in V$ の生起確率は，最尤推定により，

$$P_1(x) \stackrel{\text{MLE}}{=} \frac{f(x)}{N} \tag{5.15}$$

となります．ここで，N はコーパス中の記号トークンの総数 $(N = \sum_x f(x))$ です．

さて，補正を考えないのであれば，unigram モデルにおける記号列 $\mathbf{x}$ の生起確率は，

$$P_1(\mathbf{x}) = \prod_{i=1}^{L+1} P_1(x_i) \tag{5.16}$$

に従って計算すればいいわけですが，コーパスに出現しない記号 y に対しては $P_1(y) = 0$ となってしまい，そのような記号を一つでも含む文字列に対する確率が 0 になってしまいます．それではまずいので，0-gram モデルとの混合を行います．すなわち，ある λ_1 $(0 < \lambda_1 < 1)$ を用いて，

[32] このサイズがわからない場合の対処法については，たとえば，『言語処理事典』[28] の 124~125 ページに記述があります．

$$P_1'(x) = \lambda_1 P_1(x) + (1 - \lambda_1) P_0(x) \tag{5.17}$$

とし，記号列 **x** の生起確率を次式で計算します．

$$P_1'(\mathbf{x}) = \prod_{i=1}^{L+1} P_1'(x_i) \tag{5.18}$$

$P_0(x)$ は，すべての記号 x に対して $P_0(x) > 0$ ですから，式 (5.17) で定義される $P_1'(x)$ は，すべての記号 x 対して $P_1'(x) > 0$ となり，その結果，上式は，すべての記号列 **x** に対して，$P_1'(\mathbf{x}) > 0$ となります．

同様に，bigram モデルを考えます．bigram モデルでは，記号 x の生起確率はその直前の記号に依存することになりますから，最尤推定は先ほど示したとおり，

$$P_2(x_i|x_{i-1}) \stackrel{\text{MLE}}{=} \frac{f(x_{i-1}x_i)}{f(x_{i-1})} \tag{5.19}$$

となります．ここでは，二つのことについて考えなければなりません．一つ目は分母が 0 となる場合，二つ目は分子が 0 となる場合です．

分母が 0 とは，$f(x_{i-1}) = 0$，すなわち，コーパスに記号 x_{i-1} が一度も出現しなかった場合です．この場合，分母も分子も 0 となりますから，数学的には式 (5.19) の値は 1 となりますが，それでは困ります．この場合は，たとえば，

$$P_2'(x_i|x_{i-1}) = P_1(x_i) = \frac{f(x_i)}{N} \tag{5.20}$$

で代用します．つまり，bigram の確率が計算できないので，unigram の確率で代用するということです．

一方，分子のみが 0 の場合は，すなわち，$f(x_{i-1}x_i) = 0$ の場合は，unigram モデルとの混合で対処します．

$$P_2'(x_i|x_{i-1}) = \lambda_2 P_2(x) + (1 - \lambda_2) P_1'(x) \tag{5.21}$$

これらの式を用いて，記号列 **x** の生起確率を次のように定義します．

$$P_2'(\mathbf{x}) = \prod_{i=1}^{L+1} P_2'(x_i|x_{i-1}) \tag{5.22}$$

以上が bigram モデルの構成法ですが，同様の方法で trigram モデルや 4-gram モデルも構成することができます．なお，ここで述べた補正の方法は一例で，他にも多くの方法が考えられています．いずれにせよ，補正のポイン

トは，コーパスでは観察されない事象に対して，その生起確率をどのように見積もるか（割り当てるか）ということにあります．これは，一般に**スムージング**と呼ばれます．上記以外で，よく用いられるスムージングの方法には，**加算スムージング**や **Good-Turing スムージング**などがあります．なお，第2章では，複数の言語モデルを利用したスムージング（クラス間スムージング）を用いましたが，この方法は比較的特殊なスムージングの方法です．

5.4.3 言語モデルの利用

言語モデル P_M の代表的な利用法は，言語モデルを用いて記号列 $\mathbf{x}$ と $\mathbf{y}$ のどちらが出現しやすいかを決定することです（**記号列の選択**）．

$$P_M(\mathbf{x}) \quad \text{vs.} \quad P_M(\mathbf{y})$$

たとえば，大規模な日本語のコーパスから言語モデルを作成した場合，二つの記号列（つまり，文）のうち「どちらがより日本語の文らしいか」の判定を，それらの記号列の出現確率の大小比較によって行うことができます．記号列の出現確率は，その記号列のもっともらしさを表すことになりますので**尤度**と呼ばれ，次のように記述されます．

$$L(\mathbf{x}|M) = P_M(\mathbf{x}) \tag{5.23}$$

確率 $P_M(\mathbf{x})$ は，一般に非常に小さな値をとりますので，多くの場合，対数をとった**対数尤度**が用いられます．たとえば，言語モデルとして式 (5.22) の bigram モデルを用いる場合，次のようになります．

$$\log L(\mathbf{x}|M) = \log P_M(\mathbf{x}) = \log \prod_{i=1}^{L+1} P'_2(x_i|x_{i-1}) = \sum_{i=1}^{L+1} \log P'_2(x_i|x_{i-1}) \tag{5.24}$$

対数をとると，掛け算が足し算となり計算が容易になります．

言語モデルのもう一つの使い方は，ある記号列 $\mathbf{x}$ に対して，それは言語モデル M_A と M_B のどちらにおいて出現しやすいかを決定する使い方です（**言語モデルの選択**）．

$$P_{M_A}(\mathbf{x}) \quad \text{vs.} \quad P_{M_B}(\mathbf{x}) \quad (\text{つまり，} L(\mathbf{x}|M_A) \quad \text{vs.} \quad L(\mathbf{x}|M_B))$$

第2章で述べたシステムは，それぞれの難易度のテキストに対応する言語モデルを作成し，その尤度を利用して，あるテキストが最も出現しやすい言語

モデル（難易度）を求めています．これ以外にも，たとえば，著者ごとのコーパスから各著者に対する言語モデルを作成し，それらを用いて与えられたテキストの著者を推定する問題（著者推定）も，言語モデルの選択問題として解くことができます．

これらの二つの使い方は，いずれにせよ「複数のものを比較して一つを選ぶ」ために対数尤度（生起確率）を使います．つまり，その値そのものはそれほど意味を持たず，他の値と比較した場合の相対的な大きさが意味を持ちます．

5.5　この章のまとめ

この章では，言語統計と確率的言語モデルについて述べました．これらはいずれも言語データ（コーパス）から計算しますが，その計算は，それほど単純ではありません．それは，自然言語において，語や文の分布が非常に偏っているということに起因します．

一方，これらの偏りが確率的言語モデルを有効な道具としていることも事実です．たとえば，もし，語の出現確率がすべての語で同一であれば，n-gram モデルは，なんら有用な情報をもたらしません．言語モデルの識別能力（複数のものから選ぶ力）は，分布の偏りによってもたらされています．

本章で述べた n-gram 言語モデルは，言語の文を記号列とみなした数学モデルです．それは純粋に形式的なものであり，いわゆる（文や語の）意味をまったく扱っていません．それゆえ，どんなに精緻な数学モデルを作ったとしても，自然言語のある側面しか捉えたことにならない点に注意する必要があります．

本章に関連する内容をさらに知りたい場合は，次の文献が参考になるでしょう．

1. 中野洋, 第 4 章 言語の統計．（長尾真, 黒橋禎夫, 佐藤理史, 池原悟, 中野洋, 『言語情報処理』, 岩波講座 言語の科学 9, 岩波書店, 1998. 文献 [17]）言語の統計を計算しようとする場合は，まず，この文献にあたるとよいでしょう．言語の統計にまつわる基本的な内容をカバーしています．
2. 林大 監修, 宮島達夫, 野村雅昭, 江川清, 中野洋, 真田信治, 佐竹秀雄 編, 『図説日本語——グラフで見ることばの姿』, 角川書店, 1982. （文献 [26]）

本文でも取り上げましたが，日本語に関する各種の統計をまとまった形で提示している，ほぼ唯一の文献です．

3. 持橋大地 他，2.1節 言語モデル．（言語処理学会 編，『言語処理学事典』，共立出版，2009．文献[28]）

　確率的言語モデルをコンパクトに解説しています．

4. Christopher Manning and Hinrich Schuetze, *Foundations of Statistical Natural Language Processing*, MIT Press, 1999.

　その表紙から，通称「サイコロ本」と呼ばれています．確率的言語モデルを含む統計的言語処理のスタンダードな教科書です．日本語訳が出版されるという噂もあります．

第6章

システム実装の基礎知識

　言語処理システムを実際に動作するプログラムとして実現することを**実装**(implementation) と呼びます．システムの実装には，コンピュータシステムとその使用法に関する多くの知識が必要です．本章では，その中でも特に重要な次の6点を取り上げます．

- 文字コード
- よく使うデータ構造
- 文字列照合と置換
- よく使うアルゴリズム
- 言語処理ツールと言語資源
- ウェブとの連携法

6.1　文字コード

　コンピュータ上では，あらゆるデータを**バイナリデータ**として表現します．バイナリデータの最小単位は，ビット (bit) と呼ばれる2進数一桁（すなわち，0か1）です．8ビットを1**バイト** (byte) と呼び，この単位がデータを表すための基本単位となります．1バイトは，$2^8 (= 256)$ 通りの異なるデータを表現することができます．特定の1バイトを表現する際には，多くの場合，2桁の16進数（0x00から0xFF）[33]を用います．

　コンピュータ上では，文字もバイナリデータ（バイト列）として表現しなくてはなりません．このためには，ある特定の文字（たとえば，アルファベットのa）を，どのようなバイト列として表現するかをあらかじめ定めておき，

[33] '0x' は16進数であることを示します．

それに従う必要があります．**文字コード**とは，そのような約束事のことです．

文字コードの周辺は，いささか混乱しており，使用される用語も十分には統一されていません．「文字コード」という用語自身も，いくつかの異なる意味で用いられます．特定の文字を表すバイト列を「文字コード」と呼ぶ場合もあれば，特定の文字集合に属するそれぞれの文字をどのようなバイト列で表すかを定めた対応表全体を「文字コード」と呼ぶ場合もあります．さらに，あるテキストがどのような規約に基づいて表現されているかの情報を「文字コード」と呼ぶ場合もあります．以下では，これらを区別するために，後者の二つについては，文字コードセット，および，文字符号化方式という用語を主に使用します．

6.1.1 文字コードセット

対象とする文字集合を定め，それぞれの文字を表すバイト列を定めたものを**文字コードセット**（あるいは，**符号化文字集合**）と呼びます．繰り返しになりますが，文字コードセットでは，

1. 対象とする文字集合（の定義）
2. それぞれの文字を表すバイト列（の定義）

がその本質です．文字コードセットは，ISO（国際標準化機構），あるいは，JIS（日本工業規格）の規格として定められています．

主要な文字コードセットとして，以下のものがあります．

ASCII コードセット

ASCII コードセット（表 6.1）は，英語で使われるラテン文字，数字，若干の記号，制御文字などを含む文字集合に対するコードを定めたもので，コンピュータの文字コードセットとして，最も基本的なものです．それぞれの文字のコードは，1 バイトです．

JIS ローマ字

JIS ローマ字（JIS X0201 ラテン文字用図形文字集合）は，ASCII に準拠する，日本用の文字コードセットです．ASCII との違いは，表 6.2 に示す二つのコードのみです．いわゆる「半角英数字」とは，JIS ローマ字に含まれる文字（コード）のことをさします．

表 6.1 ASCII コードセット

これらの文字のうち，0x00 から 0x1F までと 0x7F は，制御文字である．0x20 は空白文字 (スペース) である．

上位4ビット (16進数)	下位4ビット (16進数)															
	0	1	2	3	4	5	6	7	8	9	A	B	C	D	E	F
0	NUL	SOH	STX	ETX	EOT	ENQ	ACK	BEL	BS	HT	LF	VT	FF	CR	SO	SI
1	DLE	DC1	DC2	DC3	DC4	NAK	SYN	ETB	CAN	EM	SUB	ESC	FS	GS	RS	US
2	SP	!	”	#	$	%	&	’	(	)	*	+	,	-	.	/
3	0	1	2	3	4	5	6	7	8	9	:	;	<	=	>	?
4	@	A	B	C	D	E	F	G	H	I	J	K	L	M	N	O
5	P	Q	R	S	T	U	V	W	X	Y	Z	[	\	]	^	_
6	`	a	b	c	d	e	f	g	h	i	j	k	l	m	n	o
7	p	q	r	s	t	u	v	w	x	y	z	{	|	}	~	DEL

表 6.2 ASCII と JIS ローマ字の違い

コード	ASCII	JIS ローマ字
5C	\ (バックスラッシュ)	¥ (円記号)
7E	~ (チルド)	‾ (オーバーライン)

表 6.3 JIS カタカナ

上位4ビット (16進数)	下位4ビット (16進数)															
	0	1	2	3	4	5	6	7	8	9	A	B	C	D	E	F
2		。	「	」	、	・	ヲ	ァ	ィ	ゥ	ェ	ォ	ャ	ュ	ョ	ッ
3	ー	ア	イ	ウ	エ	オ	カ	キ	ク	ケ	コ	サ	シ	ス	セ	ソ
4	タ	チ	ツ	テ	ト	ナ	ニ	ヌ	ネ	ノ	ハ	ヒ	フ	ヘ	ホ	マ
5	ミ	ム	メ	モ	ヤ	ユ	ヨ	ラ	リ	ル	レ	ロ	ワ	ン	゛	゜

JIS カタカナ

JIS カタカナ (JIS X0201 片仮名用図形文字集合) は，清音のカタカナ文字に対する1バイトのコードです (表 6.3)．濁音記号や半濁音記号はそれぞれ1文字扱いとなるため，濁音や半濁音のカタカナは，2文字として表現されることになります．いわゆる「半角カタカナ」は，この文字コードセットに含まれる文字 (コード) のことをさします．

JIS 漢字

JIS 漢字 (JIS X0208) は，日本語で使う主要な文字集合を2バイトのコードで表現する文字コードセットです．表 6.4 に JIS 漢字の一部を示します．い

わゆる「全角文字」とは，この文字コードセットに含まれる文字（コード）のことをさします．

　2バイトコードのうち，1バイト目が同一のコードの集合を，区と呼びます．JIS漢字には，94の区（0x21から0x7E）が存在し，それぞれの区に94個のコード（0x21から0x7E）が存在します．それぞれの区には，次のような文字集合が割り当てられています．

1区と2区　特殊文字
3区　数字とラテン文字
4区　ひらがな
5区　カタカナ
6区　ギリシャ文字
7区　キリル文字
8区　罫線素片
16区から47区　（第一水準）漢字 2965 文字
48区から84区　（第二水準）漢字 3390 文字

　このコードセットで規定されている文字集合が，多くのコンピュータで表示可能な文字集合です[34]．漢字に関しても同様で，第一水準と第二水準を合わせた6355種類の漢字[35]が，コンピュータ上で安定して使える漢字集合です．

　この他に，JIS補助漢字（JIS X0212, 6067字）があります．さらに，JIS X0208の上位互換として，JIS X0213があります．

6.1.2　文字符号化方式

　日本語テキストでは，日本語文字（全角文字）だけでなく，半角の英数字も混在するのが普通です．単一の文字コードセットにおいては，文字とコードの対応関係は1対1となるように設計されていますが，複数の文字コードセットが混在する場合は，この限りではありません．このため，そのような曖昧性を回避し，バイト列を一意に解釈するための規約が必要となります．これを，**文字符号化方式**と呼びます．

JISコード

　JISコード (ISO-2022-JP) では，表6.5に示すような特殊なコード列（エスケープシーケンス）を文字コードセットが切り替わる場所に挿入することに

---

[34] JIS漢字に含まれない文字は，コンピュータの機種やOSの違いにより，表示できなかったり，文字化けしたりします．

[35] 制定当時の計算機の制約から，使用頻度が最も高い第一水準とその次の第二水準に分けられています．

表 6.4　JIS 漢字の一部（0x2121 は、全角空白）

区	上位12ビット	下位4ビット（16進数）															
		0	1	2	3	4	5	6	7	8	9	A	B	C	D	E	F
01	212	(SP)	、	。	，	．	・	：	；	？	！	゛	゜	´	｀	¨	＾
01	213	‾	＿	ヽ	ヾ	ゝ	ゞ	〃	仝	々	〆	〇	―	―	‐	／
01	214	＼	〜	‖	｜	…	‥	'	'	"	"	（	）	〔	〕	［	］
01	215	｛	｝	〈	〉	《	》	「	」	『	』	【	】	＋	−	±	×
01	216	÷	＝	≠	＜	＞	≦	≧	∞	∴	♂	♀	°	′	″	℃	￥
01	217	＄	¢	£	％	＃	＆	＊	＠	§	☆	★	○	●	◎	◇	
02	222		◆	□	■	△	▲	▽	▼	※	〒	→	←	↑	↓	〓	
03	233											0	1	2	3	4	5	6	7	8	9	
03	233																	
03	233	0	1	2	3	4	5	6	7	8	9						
03	234		A	B	C	D	E	F	G	H	I	J	K	L	M	N	O
03	235	P	Q	R	S	T	U	V	W	X	Y	Z					
03	236		a	b	c	d	e	f	g	h	i	j	k	l	m	n	o
03	237	p	q	r	s	t	u	v	w	x	y	z					
04	242		ぁ	あ	ぃ	い	ぅ	う	ぇ	え	ぉ	お	か	が	き	ぎ	く
04	243	ぐ	け	げ	こ	ご	さ	ざ	し	じ	す	ず	せ	ぜ	そ	ぞ	た
04	244	だ	ち	ぢ	っ	つ	づ	て	で	と	ど	な	に	ぬ	ね	の	は
04	245	ば	ぱ	ひ	び	ぴ	ふ	ぶ	ぷ	へ	べ	ぺ	ほ	ぼ	ぽ	ま	み
04	246	む	め	も	ゃ	や	ゅ	ゆ	ょ	よ	ら	り	る	れ	ろ	ゎ	わ
04	247	ゐ	ゑ	を	ん												
05	252		ァ	ア	ィ	イ	ゥ	ウ	ェ	エ	ォ	オ	カ	ガ	キ	ギ	ク
05	253	グ	ケ	ゲ	コ	ゴ	サ	ザ	シ	ジ	ス	ズ	セ	ゼ	ソ	ゾ	タ
05	254	ダ	チ	ヂ	ッ	ツ	ヅ	テ	デ	ト	ド	ナ	ニ	ヌ	ネ	ノ	ハ
05	255	バ	パ	ヒ	ビ	ピ	フ	ブ	プ	ヘ	ベ	ペ	ホ	ボ	ポ	マ	ミ
05	256	ム	メ	モ	ャ	ヤ	ュ	ユ	ョ	ヨ	ラ	リ	ル	レ	ロ	ヮ	ワ
05	257	ヰ	ヱ	ヲ	ン	ヴ	ヵ	ヶ									
16	302		亜	唖	娃	阿	哀	愛	挨	姶	逢	葵	茜	穐	悪	握	渥
16	303	旭	葦	鯵	梓	圧	斡	扱	宛	姐	虻	飴	絢	綾	鮎	或	粟
16	304	袷	安	庵	按	暗	案	闇	鞍	杏	以	伊	位	依	偉	囲	夷
16	305	委	威	尉	惟	意	慰	易	椅	為	畏	異	移	維	緯	胃	萎
16	306	衣	謂	違	遺	医	井	亥	域	育	郁	磯	一	壱	溢	逸	稲
16	307	茨	芋	鰯	允	印	咽	員	因	姻	引	飲	淫	胤	蔭		
17	312		院	陰	隠	韻	吋	右	宇	烏	羽	迂	雨	卯	鵜	窺	丑
17	313	碓	臼	渦	嘘	唄	欝	蔚	鰻	姥	厩	浦	瓜	閏	噂	云	運
17	314	雲	荏	餌	叡	営	嬰	影	映	曳	栄	永	泳	洩	瑛	盈	穎
17	315	頴	英	衛	詠	鋭	液	疫	益	駅	悦	謁	越	閲	榎	厭	円
17	316	園	堰	奄	宴	延	怨	掩	援	沿	演	炎	焔	煙	燕	猿	縁
17	317	艶	苑	薗	遠	鉛	鴛	塩	於	汚	甥	凹	央	奥	往	応	
48	502		弌	丐	丕	个	丱	丶	丼	丿	乂	乖	乘	亂	亅	豫	事
48	503	舒	弍	于	亞	亟	亠	亢	亰	亳	亶	从	仍	仄	仆	仂	仗
48	504	仞	仭	仟	价	伉	佚	估	佛	佝	佗	佇	佶	侈	侏	侘	佻
48	505	佩	佰	侑	佯	來	侖	儘	俔	俟	俎	俘	俛	俑	俚	俐	俤
48	506	俥	倚	倨	倔	倪	倥	倅	伜	俶	倡	倩	倬	俾	俯	們	倆
48	507	偃	假	會	偕	偐	偈	做	偖	偬	偸	傀	傚	傅	傴	傲	

表 6.5 JIS コードのエスケープシーケンス

文字コードセット	エスケープシーケンス	
	文字列表示	16 進表示
ASCII	ESC (B	0x1B 0x28 0x42
JIS ローマ字	ESC (J	0x1B 0x28 0x4A
JIS カタカナ	ESC (I	0x1B 0x28 0x49
JIS 漢字	ESC $ B	0x1B 0x24 0x42
JIS 補助漢字	ESC $ D	0x1B 0x24 0x44

表 6.6 日本語 EUC コード

文字コードセット	変換後のコード			説明
	1	2	3	
JIS ローマ字	0xxxxxxx			そのまま用いる
JIS 漢字	1xxxxxxx	1xxxxxxx		それぞれのバイトの先頭ビットを1に変更する
JIS カタカナ	10001110	1xxxxxxx		先頭ビットを1に変換し, 0x8E を含めて2バイトで表現する
JIS 補助漢字	10001111	1xxxxxxx	1xxxxxxx	それぞれのバイトの先頭ビットを1に変更し, 0x8F を含めて3バイトで表現する

よって,それ以降のバイト列がどの文字コードセットによって記述されているかを表現します.

一般に,エスケープシーケンスによる文字コードセットの切り替えを採用した場合,文字列のある局所的な部分(バイト列)に注目するだけでは,そのバイト列を正しく解釈できません.このため,テキストを処理する場合には,JIS コードは不向きです.

日本語 EUC コード

日本語 EUC コード (EUC-JP) では,それぞれの文字コードセットのコードを表 6.6 に示すように変換し,4 種類のコードセットを混在させます.

前述の JIS コードと異なり,日本語 EUC コードでは,JIS ローマ字以外のコードでは,それぞれのバイトの先頭ビットに1が立っているため,その区別が容易です.つまり,局所的なバイト列に注目するだけで,そのバイト列を正しく解釈できます.このため,6.1.3 項で述べる Unicode が出現するまでは,テキスト処理では日本語 EUC コードを用いるのが標準的でした.

表 6.7　シフト JIS コード

文字コードセット	変換後のコード
JIS ローマ字	0xxxxxxx
JIS カタカナ	1xxxxxxx
JIS 漢字	図 6.1 のとおり

入力　JIS 漢字コード：1 バイト目 X（値は 0x21–7E），2 バイト目 Y（値は 0x21–7E）
出力　シフト JIS コード：1 バイト目 $\hat{X}$，2 バイト目 $\hat{Y}$
$\hat{X}$ の求め方
1. X の上位 7bit，つまり $X/2$（0x10–3E）が，0x10–2E の場合は，
   $\hat{X} = X/2 + 0x71$　（$\hat{X}$ の値は 0x81–9F）
2. X の上位 7bit が，0x30–3E の場合は，
   $\hat{X} = X/2 + 0xB1$　（$\hat{X}$ の値は 0xE0–EF）

$\hat{Y}$ の求め方
1. X の下位 1bit が 0 の場合（X が偶数の場合）は，
   $\hat{Y} = Y + 0x7E$　（$\hat{Y}$ の値は 0x9F–FC）
2. X の下位 1bit が 1 の場合（X が奇数の場合）は，
   (a) $0x21 \leq Y \leq 0x5F$ ならば，
   　　$\hat{Y} = Y + 0x1F$　（$\hat{Y}$ の値は 0x40–7E）
   (b) $0x60 \leq Y \leq 0x7E$ ならば，
   　　$\hat{Y} = Y + 0x20$　（$\hat{Y}$ の値は 0x80–9E）

図 6.1　JIS 漢字コードからシフト JIS コードを求める方法

シフト JIS コード

シフト JIS コード（現在は，JIS X 0208 の附属書 1 で規定）は，マイクロソフト社などによって作成され，いわゆる Windows マシンで広く用いられている文字コード体系です．このコード体系では，表 6.7 および図 6.1 に示すような方法で，三つのコードセットを混在させます[36]．

[36] コンピュータの OS 依存の亜種が存在します．

以上のような文字コード体系は，コンピュータ上で扱える文字集合が段階的に増えてきたという 20 世紀後半の歴史を反映しています．

6.1.3　Unicode

Unicode（ユニコード）は，世界中の文字を単一の文字集合として定義しようという考えに基づいて制定された規格です．その全貌は膨大であり，現時点でも進化しているので，ここでは，そのエッセンスを述べます．

表 6.8 UTF-8

バイト数	有効ビット	Unicode スカラ値の範囲 先頭	末尾	変換後のコード 1	2	3	4	5	6
1	7	U+0000	U+007F	0xxxxxxx					
2	11	U+0080	U+07FF	110xxxxx	10xxxxxx				
3	16	U+0800	U+FFFF	1110xxxx	10xxxxxx	10xxxxxx			
4	21	U+10000	U+1FFFFF	11110xxx	10xxxxxx	10xxxxxx	10xxxxxx		
5	26	U+200000	U+3FFFFFF	111110xx	10xxxxxx	10xxxxxx	10xxxxxx	10xxxxxx	
6	31	U+4000000	U+7FFFFFFF	1111110x	10xxxxxx	10xxxxxx	10xxxxxx	10xxxxxx	10xxxxxx

Unicode で定義されるそれぞれの文字には，**Unicode スカラ値**と呼ばれる非負整数値が割り当てられます．Unicode スカラ値は，その整数の前に "U+" をつけて表現します．基本的な文字に対しては，U+0000 から U+FFFF の 16 進数 4 桁（2 バイト）が割り当てられていますが，特殊な文字には，5 桁あるいは 6 桁が割り当てられています．JIS 漢字に含まれる文字は，すべて 4 桁の Unicode スカラ値が割り当てられています．

Unicode では，単一の文字集合を定義するので，文字とコード（Unicode スカラ値）との対応関係は 1 対 1 です．そのため，前述の文字符号化方式は不必要になると思われるかもしれません．しかしながら，他の方式との互換性，あるいは，データ量（バイト数）を抑えるために，文字符号化方式に相当する**文字符号化スキーム**が用いられます．主要な文字符号化スキームに，UTF-8 と UTF-16 があります．

UTF-8

最近，ウェブなどで最もよく用いられているのが UTF-8 です．これは，Unicode スカラ値を表 6.8 に従って 1 バイトから 6 バイトのバイト列に写像します．ASCII コード（U+0000 から U+007F）は 1 バイトに写像されますので，ASCII コードの上位互換となります．

UTF-16

UTF-16 は，表 6.9 に示すように，4 桁の Unicode スカラ値はそのまま表現し，5 桁のスカラ値は二つの値に分けて，32 ビット（4 バイト）で表現します[37]．UTF-16 は，Java の文字の内部表現などに用いられています．

---

37) Unicode スカラ値の範囲は U+10FFFF までですが，上位 5 ビット (uuuuu) から 1 を引いて 4 ビット (wwww) に変換しますので，スカラ値は，実質的に 5 桁とみなせます．

表 6.9　UTF-16

バイト数	有効ビット	Unicode スカラ値の範囲		変換後のコード			
		先頭	末尾	1	2	3	4
2	16	U+0000	U+FFFF	xxxxxxxx	xxxxxxxx		
4	20	U+10000	U+10FFFF	110110ww	wwxxxxxx	110111xx	xxxxxxxx

wwww = uuuuu - 1

6.1.4　注意すべきこと

　以上のように文字コードの周辺は複雑であり，最新の状況を完全に把握するのは，とても大変です．私自身，Unicode の全貌を把握することは放棄しています．
　言語処理システムの実装において守るべきことは，次のことです．

　　使用する文字コード（文字符号化方式）を一つ定め，すべてのプログラムやデータをその文字コードで統一する．

これが，トラブルを最小限に抑える秘訣です．
　どの文字コードを使用するかは，外的要因によって定まることが多いようです．たとえば，次のようなものが文字コード選択に関わる要因となります．

- 利用するデータ（コーパスや辞書）の文字コード
- 使用するシステム（形態素解析システムや構文解析システム）が前提とする文字コード
- 使用するプログラミング言語で処理できる文字コード
- 使用するプラットフォーム（計算機や OS）の文字コード

特に外的要因がないのであれば，現時点においては，Unicode（UTF-8 または UTF-16）を使うのが，妥当な選択でしょう．
　すべてのデータの文字コードが揃っていない場合は，**文字コード変換**を行う必要が生じます．この文字コード変換を行うツールとして，nkf や libiconv などがあります．このとき，次のことが重要です．

　　文字コード変換を行うツールは一つに限定し，それのみを使用する．

　どの文字コード変換ツールでも，変換結果は同じだと思われるかもしれませんが，現実にはそうはなりません．ですから，使用するコード変換ツールは一つに限定するのが安全です．

コード変換ツールは，すべての文字を正しく変換するわけではないことにも注意が必要です．そもそも，二つの文字コードセットで定義している文字集合が異なる場合は，その差分は変換できません．この事実に加え，実際のテキストでは，ISO や JIS で定義されていない文字（いわゆる**外字**）が使われていることもしばしばあります．このような文字は，文字コード変換により「文字化け」します．この他にも，使用するプラットフォーム（計算機や OS）によって，文字コードの仕様が微妙に異なることがあります[38]．

文字コードは文字の内部表現であり，我々は通常，目にすることはありません．我々が目にするのは，その文字コードに対応する図形イメージ（フォント）です．日本語テキストは，通常，かな漢字変換経由で入力されますから，ユーザー（入力者）は，図形イメージで文字を選択します．そのとき，必ずしも正しい文字が選択されるとは限らないことにも注意が必要です．たとえば，ひらがなの「へ」とカタカナの「ヘ」は，表示イメージではほとんど区別がつきませんが，文字コードは全くの別物です．長音符号「ー」も誤入力されやすい文字です．長音符号，マイナス記号，罫線の横棒は，すべて異なる文字コードです．

日本語テキストを扱う言語処理システムでは，文字コードの問題がついて回ることを覚悟しておく必要があります．

6.2 よく使うデータ構造

6.2.1 文字列

文字列 (string) は，テキストを格納する最も基本的なデータ構造です．概念的には，文字の一次元の並びです．しかし，プログラミング言語が提供する「文字列」というデータ構造とそれに対する基本操作は，それぞれのプログラミング言語で異なりますので，使用する言語の「文字列」を熟知しておく必要があります．

たとえば，プログラミング言語 C の文字列は，1 バイトを 1 文字とするバイト列です．ASCII コードの文字列しか扱わないのであれば何も問題は生じませんが，日本語文字列を扱う場合は，文字コードセットや文字符号化方式に注意を払う必要があります．一方，プログラミング言語 Ruby の 1.9 以降では，事実上，文字列は文字のリストとして扱えますので，文字符号化方式

[38] たとえば，Windows 系の OS と Unix 系の OS では，改行の扱いが異なります．

を適切に指定すれば，文字を基本単位としてプログラムを記述することができます．

文字列に対する基本操作には，次のものがあります．

1. 文字列の長さを求める
2. 文字列を構成する i 番目の文字を取り出す
3. (i 番目の文字から n 文字分の) 部分文字列を取り出す
4. 二つの文字列を連結（連接）する

なお，文字列のパターン照合と置換については，6.3節で述べます．

6.2.2 配列

一次元配列とは，整数添字でアクセスできる一次元のデータの並びです．元々は，記憶装置（メモリ）のある連続領域を抽象化したもので，格納できるデータは同種のもの（たとえば，整数）に限定され，かつ，格納できるデータ数の最大数（配列の大きさ）もあらかじめ定めておく必要がありました．たとえば，プログラミング言語 C の配列には，このような制限があります．

一次元配列の基本操作には，次のものがあります．

- 配列の i 番目の値を参照する
- 配列の i 番目に，ある値を代入する

6.2.3 リスト

あらかじめ大きさを固定しておく必要がなく，必要に応じて伸び縮みする一次元のデータの並びは，一般に，**リスト**と呼ばれます．リストでは，要素が同種のデータである必要はなく，色々なデータを混在させることもできます．また，リストの要素はリストでもよいため，再帰的な構造を作ることもできます．

リストは，プログラミング言語 Lisp の基本データ構造でしたが，Perl, Ruby, Python といったプログラミング言語では，それをさらに拡張したデータ構造が提供されています．

リストの基本操作には，次のものがあります．

- 先頭に要素を追加する
- 先頭の要素を削除する

- 末尾に要素を追加する
- 末尾の要素を削除する
- i 番目の要素を参照する
- i 番目の要素として，ある値を代入する
- 二つのリストを結合する

言語処理では，たとえば，単語列を表現（格納）するためにリストを用います．また，解析木などの再帰的構造を表現するのにも利用されます．

6.2.4 ハッシュテーブル

ハッシュテーブルは，キーと呼ばれる識別子で高速に検索できるテーブルです．言語処理では，辞書の実装等にハッシュテーブルを利用します．

ハッシュテーブルの実体は，データの集合ですが，配列やリストのように「並び（順序）」という概念は存在しません．ですから，i 番目のデータという参照方法は存在しません．その代わりに，それぞれのデータに，**キー**と呼ばれる識別子（文字列で表現される場合が多い）が定義されており，このキーを介してデータにアクセスします．それぞれの要素に高速にアクセスするための仕組みはここでは説明しませんので，興味がある方は，文献 [2] の 37～39 ページなどを参照してください．

最近のプログラミング言語は，ハッシュテーブル（あるいは，それに相当するデータ構造）を，基本データ構造として提供しています．

6.2.5 木構造

再帰的構造を持ったデータ構造の代表格が，木構造(rooted tree) です．模式的には，図 6.2 のように表現されます．木構造を構成する要素は，**節点**(node) と，節点間をつなぐ**枝**(edge) です．

この図に示すように，木構造は，**根**(root) と呼ばれる一つの特別な節点を持ちます．根からは，何本かの枝が出ており，そのそれぞれに節点が接続しています．これらを**子節点**と呼びます．それぞれの子節点は，枝を介してさらに子節点（根から見ると孫節点）を持つこともできます．このとき，子節点以下の構造を，**子木**（あるいは，**部分木**）と呼びます．つまり，木構造とは，根と，それに接続するいくつかの子木から構成される再帰的なデータ構造です．なお，子木への枝を一本も持たない節点を**葉**(leaf) と呼びます．

木構造は，再帰的なリストによって表現することができます．たとえば，図

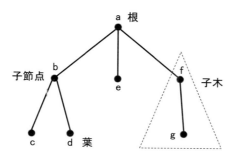

図 6.2　木構造

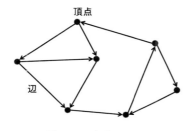

図 6.3　有向グラフ

6.2 の木構造は，次のように表現できます．

[a, [b, [c], [d]], [e], [f, [g]]]　あるいは
[a, [b, c, d], e, [f, g]]

木構造のリスト表現では，リストの先頭要素が根で，それ以降の要素が部分木を表します．葉節点をどのように表現するかには選択肢があります．

6.2.6　グラフ

頂点 (vertex) と**辺**(edge) から構成される[39]図 6.3 のような構造をグラフと呼びます．形式的には，頂点集合 V と辺集合 E の組 (V, E) として定義される構造です．辺に方向が定義される場合を**有向**グラフ，方向が定義されない場合を**無向**グラフと呼びます．

言語処理では探索アルゴリズム（⇒ 6.4.1 項）を多用しますが，探索対象となるデータ構造（あるいは，探索の結果として作られるデータ構造）は，一般に，グラフです．なお，前述の木構造は，グラフの一種です．

[39] 木構造では節点と枝と呼ぶのが普通ですが，グラフでは頂点と辺と呼ぶのが普通です．

6.2.7 オブジェクト

プログラミング言語が提供するデータ構造（組み込みのデータ構造）の種類は限られていますが，それに加え，それらを組み合わせて（用途に合った）新しいデータ構造を定義する手段が提供されるのが普通です．プログラミング言語Cの**構造体**は，これに相当します．オブジェクト指向言語では，ユーザーが新しいデータ構造（**クラス**と呼ばれるのが普通です）を定義できるだけでなく，それに対する専用の手続き（**メソッド**と呼ばれます）を定義することができます．

一般に，木構造やグラフを表すデータ構造は，プログラミング言語では提供されませんので，たとえば，リスト構造やハッシュテーブルを使ってこれを実装することになります．しかし，木構造やグラフを多用する場合は，それ専用のデータ構造を構造体やクラスとして定義したほうが，見通しの良いプログラムを作ることができます．オブジェクト指向言語の場合は，専用の手続きも定義することになります．たとえば，木構造に対して，次のような専用の手続きを定義することが考えられます．

- 根を返す手続き
- 子木のリストを返す手続き
- 葉のリストを返す手続き
- 根からある特定の節点への経路（枝の並び）を求める探索手続き（⇒ 6.4.1 項）

オブジェクト指向言語を使用する場合は，どのようなクラスを新たに定義するかが，見通しの良いプログラムを作る大きな鍵となります．

6.3 文字列照合と置換

Perl, Ruby, Pythonといったプログラミング言語では，正規表現パターンを利用した文字列照合と置換の機能が，組み込み機能として提供されています．言語処理システムは，文字列（テキスト）を扱うため，この機能を多用します．これらのプログラミング言語において，正規表現パターンの記述形式や照合・置換実行の形式は類似していますが，細部は異なります．ここでは，プログラミング言語Rubyに基づいて説明します．

6.3.1　正規表現パターン

プログラミング言語の正規表現パターンは，4.2 節で述べた正規表現に基づいて，文字列集合（つまり，言語 L）を定義する表現形式です．仮定される記号集合 V は，そのプログラミング言語が扱うことができる文字集合です．通常，正規表現パターンの前後には，スラッシュを書きます．

ある特定の 1 文字，たとえば，アルファベットの a に対応する正規表現パターンは，次のように書きます．

　　`/a/`

これは，文字列 a のみを要素とする言語（記号集合）を表していますが，以下では，「a と照合するパターン」「a に対応するパターン」「a と一致するパターン」のような表現も使います．

三つの文字 a, b, c のいずれかと照合するパターン（つまり，$L = \{a, b, c\}$）には，次の三つの形式があります．

　　`/[abc]/`
　　`/[a-c]/`
　　`/(a|b|c)/`

最初の形式の角かっこは，それ全体が 1 文字に対するパターンを表現する形式で，角かっこの中のいずれかの文字と一致することを要請します．2 番目の形式は，その略記法です．複数の文字が連続する文字コードを持つ場合，その先頭と末尾で範囲を指定することができます．3 番目の形式は，一般的な和集合の形式です．

文字の連接 (concatenation) は，単に連続して記述します．たとえば，this に照合するパターンは，次のように書くことができます．

　　`/this/`

文字列の繰り返しは，*（0 回以上の繰り返し），+（1 回以上の繰り返し）のほかに，繰り返しの回数の上限と下限を明示的に指定することもできます．

　　`/(abc)*/`
　　`/(abc)+/`
　　`/(abc){3,5}/`　　（abc が 3 回以上 5 回以下繰り返されたものと照

6.3.2 照合とアンカー

文字列照合の呼び出しは，次のような形式です[40]．ここで，`string`は，ある文字列が代入されている変数とします．パターンは，この文字列と照合されます．

```
string =~ /(abc)+/
```

この文字列が「正規表現パターンと一致する部分文字列を持つ」場合に，この式は真[41]を返します．「文字列全体が，正規表現パターンと一致する場合」ではないことに注意してください．ですから，たとえば，`string`の値がabcでも，abcdefgでも，この式は真を返します．

このように，正規表現パターンと一致する部分は，照合対象とする文字列の部分文字列なので，照合が成功した場合，その文字列の中のどの部分（部分文字列）と一致したのかを取り出す方法が存在します．Rubyでは，組み込み変数$&に，その文字列が格納されます[42]．

一方，「文字列全体が，正規表現パターンと一致するかどうか」であることを調べたい場合は，パターンの照合位置を規定する**アンカー**を明示的に指定します．多用するアンカーは，次の二つです．

- `^` 文頭（文字列の先頭）を表す
- `$` 文末（文字列の末尾）を表す

たとえば，

```
string =~ /^(abc)+$/
```

のように指定すれば，`string`に代入されている文字列全体が，abcを1回以上繰り返した文字列の場合にのみ，真を返します．ですから，`string`の値がabcの場合は真を返しますが，abcdefgの場合は偽を返します．

6.3.3 置換

文字列の置換は，文字列の照合によってある部分文字列を捕まえて，その部分を別の文字列で置き換えることを行います．その話に進む前に，文字列

---

[40] Rubyでは，これ以外にもいくつかの形式があります．

[41] Rubyの場合，正確には，そのパターンと一致した部分列の最初の文字の場所を表す整数で返します．

[42] これ以外にも，取り出す方法があります．

照合の曖昧性について確認しておきましょう．

いま，文字列 abcabcabcdef に対して，パターン /(abc)+/ で照合したとしましょう．このとき，以下のうち下線をつけた部分文字列のうち，どれと一致する（捕まえる）のでしょうか．

<u>abc</u>abcabcdef
<u>abcabc</u>abcdef
<u>abcabcabc</u>def

下線をつけた部分は，いずれも abc の 1 回以上の繰り返しですから，どれもパターンの条件を満たしています．しかしながら，実際には，3 番目の下線部を捕まえます．これは，特に指定しなかった場合に，できるだけ多くの繰り返しを優先することになっているからです．その反対に，できるだけ少ない繰り返しを優先する方法もあります．パターン /(abc)+?/ を指定した場合は，捕まえるのは，1 番目の文字列です．このような優先順序を指定するための記号を，**量指定子**(quantifier)と呼びます．置換の場合は，指定したパターンが，どの部分文字列を捕まえるのかきちんと把握しておくことが必要です．

Ruby では，sub または gsub を用いて文字列の置換を実行するのが普通です．sub は最初にマッチした部分列のみを置換するのに対し，gsub は，マッチしたすべての部分文字列を置換します．以下の最初の例は，文字列に含まれる最初の the のみを this に置き換えます．一方，次の例は，文字列に含まれるすべての the を a に置き換えます．

```
string.sub(/the/, 'this')
string.gsub(/the/, 'a')
```

　正規表現パターンを利用した文字列の照合と置換は，オリジナルの正規表現に対して，多くの機能拡張がなされており，文字列処理に対して非常に強力なツールとなります．正規表現パターンを使いこなせれば，言語処理システムの実装で必要となる，文字列の照合，抽出，変換の大部分をカバーすることができるでしょう．

6.4 よく使うアルゴリズム

言語処理システムの実装では，よく使うアルゴリズムがいくつかあります．しっかりマスターしておくべきアルゴリズムは，探索アルゴリズムと動的計画法の二つです．

6.4.1 探索アルゴリズム

言語処理システムで最も多用するアルゴリズムは探索アルゴリズムです．探索アルゴリズムは，基本のアルゴリズムをしっかりと理解しておけば，多くのバリエーションに応用が利きます．

探索の基本アルゴリズム

ここでは，最も一般的なグラフの探索を考えます．6.2.6項で述べたように，グラフは，頂点集合 V と辺集合 E の組として定義されます．

$$G = (V, E) \tag{6.1}$$

ここで，頂点を $v_i (\in V)$ のように，辺を $e_j (\in E)$ のように書くことにします．辺は方向を持つと仮定し，頂点 v_k と頂点 v_l をつなぐ辺 e_j を $e_j = (v_k, v_l)$ のように表すことにします．

探索の基本アルゴリズムは，あるグラフ $G = (V, E)$ とその一つの頂点 $v_s (\in E)$ が与えられたとき，その頂点から辺をたどって到達できるすべての頂点集合を求めるものです．到達できる頂点を網羅的に探すので，**全数探索**(exhaustive search) とも呼ばれます．

準備として，ある頂点 v から辺を1本たどって到達できる（つまり，隣の）節点集合を求める関数 $T(v)$ を定義しておきます．

$$T(v) = \{v_k | (v, v_k) \in E\} \tag{6.2}$$

これを**隣接頂点関数**と呼びます．すべての頂点に対して隣接頂点関数を定義することは，すべての頂点とすべての辺を定義することに相当しますから，グラフ G を定義する一つの方法となります．

探索の基本アルゴリズムを，図 6.4 に示します．このアルゴリズムでは，open と closed という二つのリストがどのような役割を果たしているかを理

> **探索の基本アルゴリズム**
> **入力** グラフ G を表す隣接頂点関数 T, 探索を始める頂点 v_s
> **出力** v_s から到達できるすべての頂点集合
> **手順**
>   1. 二つのリスト open と closed を用意する.
>   2. それらのリストのそれぞれに, v_s を追加する.
>   3. open が空ならば, closed を出力して終了する.
>   4. open から要素を一つ取り出す. これを v とする.
>   5. それぞれの $v_j \in T(v)$ に対して, 以下を行う.
>   (a) v_j が closed に含まれている場合は何もしない.
>   (b) 含まれていない場合は, v_j を open と closed の両方に追加する.
>   6. ステップ 3 へ戻る.

図 **6.4** 探索の基本アルゴリズム

解することが重要です. open は「その先を調査(探索)しなければならない頂点」を保持するリストです. 一方, closed は「探索によって到達した(すでに発見した)頂点」を保持するリストです. ステップ3で「open が空」となる場合は,「その先を調査しなければならない頂点」がもう存在しないことを意味しますので, そこで, 探索を打ち切ります.

ステップ4以降は, 調査対象頂点 v を一つ選び, その一歩先を調べるという処理です. 一歩先の頂点 v_j がすでに見た頂点(つまり, closed に含まれるの)であれば, その頂点にすでに open に入っているか, あるいは, 調査済みになっているはずですから, 無視して構いません. closed に含まれていない場合は初めて見る頂点ですから, これは, open と closed の両方に入れる必要があります.

このアルゴリズムでは, ステップ4で「open から要素を一つ取り出す」手順が, 十分に詳細化されていません. この部分を詳細化することによって, 探索アルゴリズムの挙動が定まります.

深さ優先探索と幅優先探索

探索の基本アルゴリズムのステップ4を,「後に入れた要素を優先して取り出す」というルールに従って実行する場合が, **深さ優先探索**(depth-first search) です. たとえば, リスト open に要素を追加する場合はリストの末尾に追加し, 要素を取り出す場合もリストの末尾から取り出せば, 深さ優先探索となります. **スタック**(stack) というデータ構造を知っているのであれば, open を

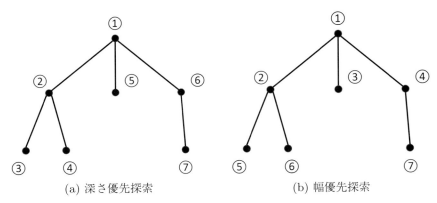

図 6.5 頂点を探索する順序の違い

スタックで実装すれば，深さ優先探索となります．

一方，「最も昔に入れた要素を優先して取り出す」というルールに従う場合は，**幅優先探索**(breadth-first search) になります．たとえば，リスト open に要素を追加する場合はリストの末尾に追加し，要素を取り出す場合はリストの先頭から取り出せば，幅優先探索となります．**キュー**(queue) というデータ構造を知っているのであれば，open をキューで実装すれば，幅優先探索となります．

深さ優先探索と幅優先探索では，以下のことが異なります．

- 頂点を探索する順序

  深さ優先探索では，特定の方向をどんどん進むことになり，そこが行き止まりになったとき，一番近くの分岐点まで戻って別の辺を試します．これに対して，幅優先探索では，まず，探索を始める頂点 v_s から一歩（辺 1 本）で行けるところをすべて探し，次に二歩で行けるところをすべて探し，というように，浅いところから順に探していくことになります．一例として，図 6.5 に，木構造を探索した場合の頂点（節点）を探索する順序を示しました．

- open の大きさ

  深さ優先探索では，比較的小さな open で探索が実行できますが，幅優先探索では，open の大きさはすぐに巨大になります．

いま，頂点 v から出る辺の数（すなわち，$T(v)$ の大きさ）が平均的に b 本だとしましょう．これを**ブランチング・ファクター**(branching factor，枝分

かれの数）と呼びます．深さ d（辺を d 本たどったところ）まで探すのに必要な open の大きさの見積もりは，次のようになります．

  深さ優先探索の場合 $b \times d$
  幅優先探索の場合 b^d

すなわち，幅優先探索を実行するには，大きなメモリが必要であることがわかります．

探索アルゴリズムのバリエーション

 以上の基本をしっかり押さえておけば，多くの探索アルゴリズムの理解が進みます．探索アルゴリズムのバリエーションを作り出す要因には，次のようなものがあります．

1. 探索の対象は，（一般的な）グラフか．それとも，木構造か．
2. 出力は，到達できるすべての頂点集合か．それとも，ある特定の頂点 v_t への経路（辺の並び）か．
3. 辺に何からのコストが付与されており，コスト最小の経路が求められているのか．
4. 全数探索か．あるいは，ヒューリスティック探索か．

 木構造の場合は，根（頂点）から探索をスタートするのが普通です．木の場合，根からそれぞれの頂点（節点）への経路は一つしか存在しませんから，すべての頂点を列挙する必要がなければ，closed を保持する必要はありません．closed は，グラフに複数の経路が存在したり，ループが存在したりする場合にのみ必要です．

 ある特定の頂点 v_t への経路を求める探索問題では，ステップ 4 で取り出した頂点 v が v_t であれば，そこでアルゴリズムを終了させます．ただし，経路の情報は，なんらかの方法で保持しておく必要があります．open の要素を，単なる頂点から経路情報を含めたものに拡張するのが，比較的簡単な実現法です．

 辺にコスト（非負値）が与えられており，v_s から v_t へのコスト最小の経路を求める問題は，**最短経路探索**と呼ばれます．この場合は，探索の基本アルゴリズムのステップ 4 で，open に含まれる頂点のうち，初期頂点からのコストが最小となる頂点を優先して選べば，最短経路が求まります．

 探索対象が巨大化すると，メモリの制限により，全数探索が不可能になり

ます．この場合，なんらかの手がかりを用いて，あまり見込みがない選択肢を削除する（枝刈りする）方法が用いられます．このような探索方法を，一般に，**ヒューリスティック探索**(heuristic search) と呼びます．たとえば，幅優先探索において，open の要素の数を，コストが小さい（有望な）n 個の候補に制限する方法は，ヒューリスティック探索の常套手段です．これは，**ビームサーチ**(beam search) と呼ばれます．ヒューリスティック探索は全数探索ではないので，最適解を見つけられない可能性があります．

6.4.2　動的計画法

探索の次に知っておくべきアルゴリズムの最右翼は，**動的計画法**(dynamic programming, DP) です．広く，DP（ディーピー）と呼ばれます．DP の本質は，

- 部分問題をボトムアップに 1 回だけ計算し，
- それを記憶しておいて複数回利用する

ことにあります．

フィボナッチ数列

DP の最も簡単な例は，フィボナッチ数列の計算です．フィボナッチ数列は，次のように再帰的に定義されます．

$$F(n) = \begin{cases} 0 & (n = 0) \\ 1 & (n = 1) \\ F(n-1) + F(n-2) & (n \geq 2) \end{cases} \tag{6.3}$$

たとえば，$F(5)$ をこの定義に従って計算した場合，図 6.6 のような計算が行われることになります．この図に示すとおり，$F(2)$ の計算は 3 回，$F(3)$ の計算は 2 回，行われます．これに対して，図 6.7 のプログラムのように，$F(i)$ を i の小さい順に計算し，その計算結果をテーブルに保持して利用するようにすれば，すべての i に対して，$F(i)$ を 1 回だけ計算すればいいことになります[43]．

編集距離

DP の 2 番目の具体例として，**編集距離**(edit distance) の計算を取り上げます．編集距離は，二つの文字列がどれくらいよく似ているかを測る一つの

---

[43] フィボナッチ数列の計算は，直前の二つの値を覚えておけば OK なので，すべての値をテーブルに覚えておく必要はありません．

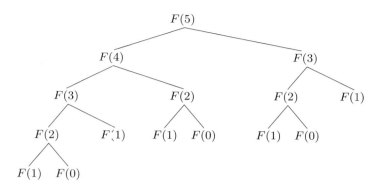

図 6.6　$F(5)$ を定義に従って計算する

```
def fib(n)
  table[0] = 0; table[1] = 1
  2.upto(n) do  i|
    table[i] = table[i-1]+table[i-2]
  end
  table[n]
end
```

図 6.7　フィボナッチ数列を計算する DP プログラム

方法です[44]．

編集距離では，ある文字列に対して，次の 3 種類の操作を考えます．

- 文字列に含まれている 1 文字を削除する
- 文字列に含まれている 1 文字を別の 1 文字で置換する
- 文字列のどこかに，新たに 1 文字を挿入する

そして，これらの操作のコストをそれぞれ 1 と定義します．

これらを操作を何回か繰り返せば，任意の文字列 X から別の任意の文字列 Y を作り出すことができます．このときの最小コスト（そのような変換に必要な操作の最小数）を編集距離と定義します．

たとえば，single から singular を作り出すことは，

single → sing<u>u</u>le → singul<u>a</u> → singula<u>r</u>

という操作で実現でき，かつ，それよりも少ない操作数では実現できないので，編集距離は 3 となります．

[44] 言語処理では，英語のスペルチェッカーにおける訂正候補の決定などに用いられます．

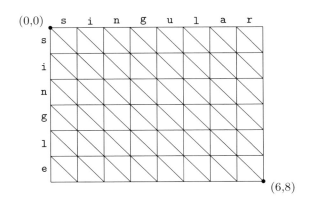

図 **6.8** 編集距離の計算

編集距離の計算は，図 6.8 において，点 (0,0) から点 (6,8) へ至る経路のうち，最小コストのものを見つける問題とみなすことができます[45]．ここで，それぞれの座標をつなぐ辺は，

45) この図では，下方向に x 軸，右方向に y 軸をとっています．

- 下方向へ行く場合はコスト 1（1 文字削除を意味します）
- 右方向へ行く場合はコスト 1（1 文字挿入を意味します）
- 右斜め下方向に行く場合は，その辺に対応する二つの文字が同一の場合はコスト 0（何もしない），異なる場合はコスト 1（文字の置換）

とします．

ここで，原点 $(0,0)$ から座標 (i,j) への最短コストは，次の漸化式で計算できます．

$$\mathrm{edist}(i,j) = \begin{cases} 0 & (i=0, j=0) \\ i & (i>0, j=0) \\ j & (i=0, j>0) \\ \min \begin{pmatrix} \mathrm{edist}(i-1,j)+1, \\ \mathrm{edist}(i,j-1)+1, \\ \mathrm{edist}(i-1,j-1)+\mathrm{neq}(i,j) \end{pmatrix} & (i>0, j>0) \end{cases}$$
(6.4)

ここで，$\mathrm{neq}(i,j)$ は，右斜め下方向へ行くコスト，すなわち，文字列の X の i 番目の文字と文字列 Y の j 番目の文字が等しい場合は 0，等しくない場合は 1 を返す関数とします．

この漸化式では，$\mathrm{edist}(i,j)$ を計算するためには，

```ruby
def edit_distance (x, y)
  d = y.length.times.collect{[]}
  d[0][0] = 0
  1.upto(y.length) do |j|
    d[0][j] = d[0][j-1]+1
  end
  1.upto(x.length) do |i|
    d[i][0] = d[i-1][0]+1
    1.upto(y.length) do |j|
      d[i][j] = [d[i-1][j]+1,
                 d[i][j-1]+1,
                 d[i-1][j-1]+(x[i] == y[j] ? 0 : 1)].min
    end
  end
  d[x.length][y.length]
end
```

図 **6.9** 編集距離を求めるプログラム (Ruby)

$\mathrm{edist}(i-1,j)$, $\mathrm{edist}(i,j-1)$, $\mathrm{edist}(i-1,j-1)$

の三つの値が必要となります．逆に，$\mathrm{edist}(i,j)$ の値は，

$\mathrm{edist}(i+1,j)$, $\mathrm{edist}(i,j+1)$, $\mathrm{edist}(i+1,j+1)$

の計算で使われます．ですから，$i+j$ の値が小さい順に edist を計算すれば，それぞれの i,j に対する計算を 1 回に抑え，それらを再利用できることになります．二つの文字列の編集距離を計算する Ruby プログラムは，図 6.9 のようになります．

このように，DP が適用できる場合は，計算が漸化式となる場合です．計算が漸化式の形となり，かつ，より小さな問題の解が，より大きな問題を解く場合に複数回使われる場合は，DP の出番となります．1.6 節の弾性マッチングの実装にも DP が使われます．

6.4.3 文字列のソート

言語処理では，文字列リストのソートを多用します．アルゴリズムの最後に，これについて補足しておきます．

ソートとは，一般に，いくつかのデータが与えられたとき，それをある決

> **文字列の順序関係判定アルゴリズム**
>
> **入力** 二つの文字列 X と Y
>
> **出力**
> - X が Y より前の場合は，負の整数
> - X と Y が等しい場合は，0
> - X が Y より後ろの場合は，正の整数
>
> **手順**
> 1. $i = 1$
> 2. X の i 番目の文字 x_i と，Y の i 番目の文字 y_i を比較する．
>   (a) 両方とも存在しない場合，0 を返す．
>   (b) y_i のみが存在する場合，負の整数を返す．
>   (c) x_i のみが存在する場合，正の整数を返す．
>   (d) 両方とも存在する場合
>   i. x_i と y_i が等しい場合，$i = i + 1$ とし，ステップ 2 へ行く．
>   ii. x_i と y_i の順序関係（文字コードの大小）に基づき，正の整数または負の整数を返す．

図 **6.10** 文字列の順序判定アルゴリズム

められた順番に並べ替えることを言います．たとえば，10 個の整数が与えられたとき，それらを小さい順に並べたリストを作ることが，その典型例です．

ソートを実行するためには，次の二つのものが必要です．

1. 二つのデータの順序関係を判定する比較器
   たとえば，整数の比較では，比較演算`<=>`がこれに相当します．
2. ソートアルゴリズム
   ヒープソート，クイックソート，マージソート，バケットソートなどのアルゴリズムがあります．

最近のプログラミング言語では，リストに対してあらかじめソートという操作が提供されていますので，後者のソートアルゴリズムの詳細については，必須ではありません[46]．しかし，文字列のリストのソートを行う場合は，前者について，注意する必要があります．

比較器は，二つのデータの順序関係を判定するものです．さて，二つの文字列の順序関係は，どのように判定されるのでしょうか．多くの場合，図 6.10 のようなアルゴリズムで，順序関係を判定します．

たとえば，すべて小文字で書かれた英単語（文字列）のリストをソートする

[46] もちろん，知っているに越したことはありません．

場合，上記のアルゴリズムで，いわゆる**辞書順**に並んだリストが得られます．
しかしながら，大文字が混じると辞書順には並びません．なぜならば，文字
の順序関係の比較を文字コードの比較で行うからです．大文字の B の ASCII
コードは 0x42 で，小文字の a の ASCII コードは 0x61 ですから，大文字の B
のほうが前にあります．

　日本語の語の辞書順は，いわゆる**読み**に基づいて定められています．たと
えば，『岩波国語辞典 第六版』[29] の 7 ページには，見出しの並べ方の説明が
次のように書かれています．

---

1. 見出しの排列は，上から一字ずつ読んだ五十音順に従った．
2. 五十音順で順序のきまらないものは，次のように定めた．

    ア 「ん」は「を」の後に置く．
    イ 清音・濁音・半濁音の順にする．
    ウ 促音の「っ」，拗音の「ゃ」「ゅ」「ょ」はそれぞれ，「つ」「や」「ゆ」
    　　「よ」の後に置く．
    エ 外来語を表す時の小字の「ァ」「ィ」「ゥ」「ェ」「ォ」は，普通の仮
    　　名の後に置く．
    オ 長音符号「ー」は，その場合の発音が，ア・イ・ウ・エ・オのいず
    　　れかであることによって，それぞれの音を表すかなと同じものと
    　　認める．そして，普通の仮名の後に置く．

    （以下，略）

　たとえば，「ごうきん（合金）」と「こうぐ（工具）」という二つの単語を考
えましょう．辞書順は「ごうきん < こうぐ」ですが，図 6.10 のアルゴリズ
ムを適用すると 1 文字目が「ご > こ」ですから，「ごうきん > こうぐ」とな
ります．また，「しよう（私用）」と「しょう（省）」は，辞書順では「しよう
< しょう」ですが，図 6.10 のアルゴリズムでは，2 文字目が「よ > ょ」で
すから，「しよう > しょう」となります．このように，日本語の語を辞書順に
ソートすることは結構やっかいで，単に文字列としてソートしただけでは辞
書順に並びません．

表 6.10　主要な形態素解析システム

システム名	辞書	備考
Juman	Juman 辞書	益岡・田窪文法 [20] 準拠
ChaSen	IPADIC	学校文法の体系に近い
MeCab「和布蕪」	IPADIC, UniDic, Juman 辞書	複数の辞書の切り替えが可能．高速

6.5　言語処理ツールと言語資源

1990 年頃より，言語処理ツールや言語資源の公開が進みました．言語処理システムを作る場合は，それらの公開ツールや資源をうまく利用することを考えるのがよいでしょう．ただし，それぞれのツールや資源においてライセンスは異なりますので，特に商用利用の場合は，注意が必要です．

6.5.1　形態素解析システム

日本語テキストを対象とする言語処理システムでは，多くの場合，文を語に分割することが必要となります．これを行うシステム（ツール）は，**形態素解析システム**と呼ばれるのが普通です．主要な形態素解析システムを，表 6.10 に示します．

第 3 章で述べたように，日本語の「語」の単位は曖昧です．これらの形態素解析システム（より正確には，システムが使用する形態素解析用辞書）によって，解析結果が異なります．また，いずれのシステムにおいても，かならずしも応用システムに都合がよい単位に区切られるわけではないことを，理解しておく必要があります．形態素解析システム MeCab については，本シリーズの第 2 巻で詳しく解説される予定です．第 1 章で紹介したシステムは，この MeCab を汎用 FST として利用しています．

6.5.2　構文解析システム

日本語の構文解析は，形態素解析結果を文節にまとめあげた後，それぞれの文節の係り先文節を決定し，文節係り受け構造 (⇒ 3.5 節) を出力するのが一般的です．このような処理を行うシステムに，以下のものがあります．

1. 日本語構文・格・照応解析システム KNP
   （形態素解析システム Juman に対応）

2. 日本語係り受け解析システム CaboCha「南瓜」
   （形態素解析システム MeCab に対応）

日本語係り受け解析システム CaboCha「南瓜」は，本シリーズの第 2 巻で詳しく解説される予定です．

6.5.3 辞書

言語処理システムの実装には，いわゆる国語辞典に相当するような（語に関する）辞書が必要だと思われるかもしれません．しかしながら，広く使われている，そのような辞書データ（電子データ）は存在しません．

言語処理システムでよく使われる辞書は，**シソーラス**と呼ばれる類語辞典です．日本語の代表的な類語辞典に，以下の二つがあります．

1. 分類語彙表（改訂増補版）[30]
   (https://www.ninjal.ac.jp/archives/goihyo/syokai/)
   現代日本語の本格的なシソーラスとして作られた（旧版の）『分類語彙表』[31] の改訂増補版です．書籍体の他に，電子データが公開されています．各単語には，分類番号（コード）が付与されており，このコードの部分一致により，類語を求めることができます．
2. 日本語ワードネット (http://nlpwww.nict.go.jp/wn-ja/)
   英語のシソーラスとして有名な WordNet (http://wordnet.princeton.edu/) [32] に基づいて作られており，WordNet の synset（ある概念に相当する類語グループ）に対して日本語が付与されています．

シソーラスは単語間の類似性の計算に用いられる他，言い換えの実現などにも利用されます．

6.5.4 コーパス

一般に，テキストデータを収集・整理したものを，**コーパス**と呼びます．単なるテキスト（文字列）を収録したもの以外に，各種の付加的な情報が付与されたコーパスも増えてきました．コーパスは，言語の使用実態を知るための基礎資料として重要であるとともに，最近は，機械学習の訓練用データとしても広く使われています．

言語処理でよく使われるコーパスに，次のものがあります．

- 京都大学テキストコーパス
  (http://nlp.ist.i.kyoto-u.ac.jp/index.php?京都大学テキストコーパス)
  毎日新聞の記事に対して形態素・構文情報を付与したコーパスです．構文解析システムの学習データなどに用いられます．
- NAISTテキストコーパス (https://sites.google.com/site/naisttextcorpus/)
  京都大学テキストコーパスと同じく，毎日新聞の記事に対して，述語と表層格の関係などの意味的な情報を付与したコーパスです．
- 現代日本語書き言葉均衡コーパス (BCCWJ)
  (http://pj.ninjal.ac.jp/corpus_center/bccwj/)
  国立国語研究所が編纂した，現代日本語初の均衡コーパスです．BCCWJに関しては，本シリーズ第8巻で詳しく解説される予定です．
- 青空文庫 (http://www.aozora.gr.jp/)
  著作権が切れた作品や著者が許諾した作品のテキスト（電子データ）を公開している，インターネット上の電子図書館です．収録されている作品は，明治から昭和初期の文学作品が中心です．

6.6 ウェブとの連携法

言語処理システムには色々な形態が考えられますが，広く一般の人々に使ってもらうためには，**ウェブブラウザ**を通して使えるようにするのが，現時点におけるベストの方法でしょう．そのためには，作成したシステムをウェブブラウザから使えるようにする仕組みを知っておく必要があります．

非常に単純化して説明すると，ウェブブラウザとは，ウェブサーバーに情報を要求し，その結果として得られたものを表示するプログラムです．ウェブサーバーとの情報のやりとりには**HTTP**と呼ばれるプロトコルを用い，どの情報を要求するかは**URL**で指定します．ウェブサーバーから送られてくる情報は，原則として**HTML**という言語で記述されたテキストです．

一方，ウェブサーバーは，ブラウザからの要求に従って，HTMLファイルを送り返すのが主な仕事です．送り返すHTMLファイルは，静的なファイル（つまり，すでに存在するファイル）でもいいですし，要求された時点でプログラムを動かして動的に作り出しても構いません．後者のプログラムは，古くは**CGI**と呼ばれました．現在は，CGI以外にも，動的にHTMLテキストを作り出す多くの仕組みが存在します．以上のことを模式図として書くと図

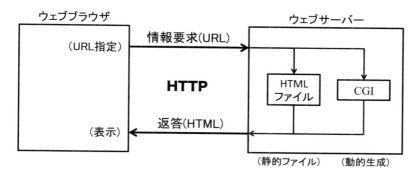

図 6.11　ウェブブラウザとウェブサーバーの模式図

6.11 のようになります.

　言語処理システムのウェブインタフェースを作る場合, 最低限, 次のことが必要になります.

- ウェブインタフェースとなるページ
  このページは HTML で記述します. このウェブページからなんらかの入力を受け取ることになるので, HTML の form タグを利用することになります.
- このインタフェースに対応する CGI プログラム
  最近のプログラミング言語では, CGI を書くためのライブラリが存在するので, それを利用するのが近道です. ブラウザからのリクエストを受け取り, それを言語処理システムに渡して結果を求め, その結果を HTML 形式に変換して標準出力に書き出せば, それがブラウザに送られます. ですから, CGI プログラムの実体は, 言語処理システムの HTML ラッパです[47].
- ウェブページと CGI プログラムの配置
  作成したウェブページと CGI プログラムを, ウェブサーバーの適切な位置（ディレクトリ）に置きます.

　言語処理システムのウェブインタフェースを作ること自身は, 一度経験してしまえば, それほど難しくはありません. しかしながら, 広く一般に公開するには, セキュリティホールを作らないようにするなど, 公開に伴うリスクに備えるための, 別の知識が必要となります. Rails などのウェブアプリケーションのためのフレームワークを利用するのも一つの方法です.

[47] ラッパという用語は, あるプログラムの入出力の外側に, ある種の形式変換を組み込む, 比較的単純なプログラムのことです.

6.7 この章のまとめ

本章では，言語処理システムの実装に関わる事柄についてまとめました．その要点は次のとおりです．

- 日本語テキストを扱う場合には，文字コードに注意する必要があること．
- 文字列，リスト，木構造，グラフなどのデータ構造について理解を深めておく必要があること．
- 文字列照合と置換の方法について，ひととおりの知識をもっておくこと．
- 探索アルゴリズムと動的計画法を使いこなすこと．
- 既存の言語処理ツールと言語資源を有効活用すること．
- ウェブの仕組み，および，言語処理システムをウェブと連携させる方法を知っておくこと．

文字コードに関しては，Wikipedia に多くの情報があります．まずは，JIS，日本語 EUC，シフト JIS，Unicode，UTF-8，UTF-16 などがどのようなものであるかを理解し，データやプログラムの文字コード（文字符号化方式）を明確に意識するところから始めましょう．そして，必要に応じて知識を深めていけばよいでしょう．

データ構造に関しては，コンピュータ科学の「アルゴリズムとデータ構造」の教科書をひととおり勉強（復習）しておけばよいでしょう．この科目の教科書は数多く出版されています．最初の一冊は，次の教科書がお薦めです．

1. 杉原 厚吉，『データ構造とアルゴリズム』，共立出版，2001．（文献 [2]）

さらに詳細な情報を得たい場合は，次に示す MIT の教科書がよいと思います．

2. Thomas H. Cormen, Charles E. Leiserson, Ronald L. Rivest, and Clifford Stein, *Introduction to Algorithms, 3rd Edition*, The MIT Press, 2009.
   （浅野哲夫，岩野和生，梅尾博司，山下雅史，和田幸一 共訳，『アルゴリズムイントロダクション第 3 版』，近代科学社，2013．）

正規表現パターンを用いた文字列照合に関しては，次の文献を手元に置いておき，わからなくなったら参照すればよいでしょう．

3. Jeffrey E. F. Friedl 著, 株式会社ロングテール, 長尾高弘 訳, 『詳説 正規表現 第 3 版』, オライリージャパン, 2008.

　言語処理ツールと言語資源については, ウェブで最新の情報を入手してください. マニュアルをまったく読まずに, 第三者が書いたウェブページの解説を参照するだけで済ませてしまう人が多いのですが, それらのウェブページの信頼性は色々です. ですから, どこかの時点で, 一度はマニュアルに目を通すことをお薦めします.

　ウェブの仕組みや CGI, ウェブアプリケーション・フレームワークに関しても, 多くの書籍が出版されています. 1990 年代のウェブは非常にシンプルだったのですが, 最近は, 複雑怪奇な状態になっています. 本格的なウェブアプリケーションの開発は, その道のプロに任せるのが無難です.

追　補

　言語処理をカバーする学問分野は，**自然言語処理**(natural language processing) と呼ばれる分野です．そもそもは，**人工知能**(artificial intelligence) の一分野でしたが，近年は，比較的独立した分野とみなされています．最近出版された，この分野の教科書に，次のような書籍があります．自然言語処理についてひととおり知りたい場合は，これらの本が参考になるでしょう．

1. 黒橋禎夫，柴田知秀，『自然言語処理概論』，サイエンス社, 2016.
2. 加藤恒昭 著，三木光範 編，『自然言語処理』，共立出版, 2014.
3. 奥村学，『自然言語処理の基礎』，コロナ社, 2010.

　言語処理学会では，学会創立 15 周年の記念事業として，次の事典を刊行しました．特定のトピックについて知りたい場合は，この事典を出発点とするのが良いでしょう．

4. 言語処理学会 編，『言語処理学事典』，共立出版, 2009.（文献 [28]）

　コロナ社から出版されている自然言語処理シリーズは，特定のトピックについて掘り下げた教科書です．2016 年 10 月の時点で，6 点が刊行されています．

5. 奥村学 監修，高村大也 著，『言語処理のための機械学習入門（自然言語処理シリーズ 1）』，コロナ社, 2010.（文献 [22]）
6. 奥村学 監修，磯崎秀樹，東中竜一郎，永田昌明，加藤恒昭 著，『質問応答システム（自然言語処理シリーズ 2）』，コロナ社, 2009.
7. 奥村学 監修，渡辺太郎，今村賢治，賀沢秀人，Graham Neubig，中澤敏明 著，『機械翻訳（自然言語処理シリーズ 4）』，コロナ社, 2014.
8. 奥村学 監修，藤井敦，谷川英和，岩山真，難波英嗣，山本幹雄，内山将夫 著，『特許情報処理：言語処理的アプローチ（自然言語処理シリーズ

5)』，コロナ社，2012.

9. 奥村学 監修，中野幹生，駒谷和範，船越孝太郎，中野有紀子 著，『対話システム（自然言語処理シリーズ 7)』，コロナ社，2015.

10. 奥村学 監修，佐藤一誠 著，『トピックモデルによる統計的潜在意味解析（自然言語処理シリーズ 8)』，コロナ社，2015.

本書ではほとんど触れませんでしたが，2000 年以降の自然言語処理では，機械学習の手法が多用されています．このトピックについては，上記の#5 を出発点とするのが良いでしょう．

実際にシステムを作る際には，使用するプログラミング言語についての知識が不可欠となります．入門書の知識だけでは不十分で，マニュアルに相当するような詳しい解説書や実践的な上級書に目を通しておくこと必要があります．たとえば，プログラミング言語 Ruby では，次のようなレベルの解説書が，それに相当します．

11. Dave Thomas, Chad Fowler, Andy Hunt,『プログラミング Ruby 1.9 言語編』，オーム社，2010.

12. Dave Thomas, Chad Fowler, Andy Hunt,『プログラミング Ruby 1.9 ライブラリ編』，オーム社，2010.

13. まつもと ゆきひろ, David Flanagan,『プログラミング言語 Ruby』，オライリージャパン，2009.

14. Peter J. Jones,『Effective Ruby』，翔泳社，2015.

参考文献

[1] Kevin Knight and Jonathan Graehl, Machine transliteration, *Computational Linguistics*, Vol. 24, No. 4, pp. 599–612, 1998.

[2] 杉原厚吉,『データ構造とアルゴリズム』, 共立出版, 2001.

[3] 文化庁文化部国語課,『公用文の書き表し方の基準―資料集（増補2版）』, 第一法規株式会社, 2001.

[4] Satoshi Sato, Web-based transliteration of person names, In *Proceedings of the 2009 IEEE/WIC/ACM International Joint Conference on Web Intelligence and Intelligent Agent Technology - Volume 01*, WI-IAT '09, pp. 273–273, 2009.

[5] Satoshi Sato, Crawling English-Japanese person-name transliterations from the Web, In *Proceedings of the 18th International Conference on World Wide Web*, WWW '09, pp. 1151–1152, 2009.

[6] Satoshi Sato and Sayoko Kaide, A person-name filter for automatic compilation of bilingual person-name lexicons, In *Proceedings of the Seventh conference on International Language Resources and Evaluation (LREC'10)*, 2010.

[7] 佐藤理史, 辞書の見出し語集合と代表性,『言語処理学会第18回年次大会発表論文集』, pp. 915–918, 2012.

[8] 安江祐貴, 佐藤理史, 外国人名カタカナ表記自動推定における各国適応, 2016年度人工知能学会全国大会, 4B1-1 2016.

[9] 佐藤理史,『コンピュータが小説を書く日―AI作家に「賞」は取れるか』, 日本経済新聞出版社, 2016.

[10] William H. Dubay, *Smart Language: Readers, Readability, and the Grading of Text*, Booksurge Publishing, 2006.

[11] Rudolf Flesch, A new readability yardstick, *Journal of Applied Psy-*

chology, pp. 221–223, 1948.

[12] 松吉俊, 近藤陽介, 橋口千尋, 佐藤理史, 全教科を収録対象とした日本語教科書コーパスの構築,『言語処理学会第 14 回年次大会発表論文集』, pp. 520–523, 2008.

[13] 佐藤理史, 均衡コーパスを規範とするテキスト難易度測定,『情報処理学会論文誌』, Vol. 52, No. 4, pp. 1777–1789, 2011.

[14] 佐藤理史, 現代日本語書き言葉均衡コーパスに対する難易度付与, 第 2 回コーパス日本語学ワークショップ, pp. 175–184, 2013.

[15] Kumiko Tanaka-Ishii, Satoshi Tezuka, and Hiroshi Terada, Sorting texts by readability, *Computational Linguistics*, Vol. 36, No. 2, pp. 203–227, 2010.

[16] 佐藤理史, 柏野和佳子, テキストの難易度に対する人間の判断と機械の判断, 第 1 回コーパス日本語学ワークショップ, pp. 195–202, 2012.

[17] 長尾真, 佐藤理史, 中野洋, 黒橋禎夫, 池原悟,『言語情報処理』, 岩波書店, 1998.

[18] 国語教育プロジェクト編著,『原色シグマ新国語便覧 ビジュアル資料』, 文英堂, 2007.

[19] 小椋秀樹, 小磯花絵, 冨士池優美, 宮内佐夜香, 小西光, 原裕,『現代日本語書き言葉均衡コーパス—形態論情報規程集 第 4 版（上・下）』, Technical report, 国立国語研究所, 2011.

[20] 益岡隆志, 田窪行則,『基礎日本語文法 改訂版』, くろしお出版, 1992.

[21] 山田俊雄, 小林芳規, 築島裕, 白藤礼幸 編,『新潮国語辞典 第二版』, 新潮社, 1995.

[22] 高村大也,『言語処理のための機械学習入門』, コロナ社, 2010.

[23] George Kingsley Zipf, *Human Behavior and the Principle of Least Effort: An Introduction to Human Ecology*, Addison-Wesley Press, 1949.

[24] Yukio Tono, Makoto Yamazaki, and Kikuo Maekawa, *A Frequency Dictionary of Japanese*, Routledge, 2013.

[25] H. P. Luhn, The automatic creation of literature abstracts, *IBM Journal of Research and Development*, Vol. 2, No. 2, pp. 159–165, 1958.

[26] 宮島達夫, 野村雅昭, 江川清, 中野洋, 真田信治, 佐竹秀雄 編,『図説日本語』, 角川書店, 1982.

[27] 刀山将大, 佐藤理史, 近藤秀, 吉田達平, 日本語の文の平均像を体現した文を探す (1) 文の特徴量の抽出, 第 13 回情報科学技術フォーラム (FIT2014),

第 2 分冊, pp. 217–218, 2014.

[28] 言語処理学会 編,『言語処理学事典』, 共立出版, 2009.

[29] 西尾実, 水谷静夫, 岩淵悦太郎 編,『岩波国語辞典 第六版』, 岩波書店, 2000.

[30] 国立国語研究所 編,『分類語彙表 増補改訂版』, 大日本図書, 2004.

[31] 国立国語研究所 編,『分類語彙表』, 秀英出版, 1964.

[32] Christiane Fellbaum (editor), *WordNet: An Electronic Lexical Database*, A Bradford Book, 1998.

索　引

【数字・欧文】

0 型言語, 67
1 型言語, 67
2 型言語, 67
3 型言語, 67
I 型動詞, 42
II 型動詞, 42
ASCII コードセット, 88
B9 スケール, 19, 30
bigram 統計, 73
CGI, 116
concatenation, 56
DP, 108
finite-state transducer, 66
Flesch-Kincaid の公式, 21
Flesch の公式, 21
FST, 66
Good-Turing スムージング, 84
HTML, 116
HTTP, 116
IOC コード, 1
ISO, 88
JIS, 88
JIS カタカナ, 89
JIS 漢字, 89
JIS コード, 90
JIS 補助漢字, 90
JIS ローマ字, 88
leave-one-out cross validation, 28
MeCab, 6
M 単位, 38
n-gram モデル, 80
pre-terminal, 62
stanine, 31
T13 スケール, 19
tf.idf 法, 77
Unicode, 93
Unicode スカラ値, 94
unigram 統計, 72
URL, 116
UTF-16, 94
UTF-8, 94
Zipf の法則, 74
β 単位, 39

【あ行】

曖昧性, 63
アスペクト, 45
アダプテーション, 15
アライメント, 7, 8
アンカー, 102
依存構造, 43
一段活用, 42
意味論, 36
引用節, 46
ウェブインタフェース, 6, 117
ウェブコンテンツ, 21
ウェブサーバー, 116

ウェブブラウザ, 116
受身, 45
英語アルファベット, 1
エスケープシーケンス, 90
枝, 98
オノマトペ, 42
帯 3, 19
オブジェクト指向言語, 100

【か行】
外国人名対訳辞書, 13
外国人名のカタカナ訳推定, 1
外字, 96
開始記号, 58
解析木, 63
外来語, 42
係り受け構造, 43
係助詞, 44
書き換え規則, 58
格交替, 45
学習機能, 6
格助詞, 43
確率的言語モデル, 24, 79
加算スムージング, 84
絣式ローマ字, 9
学校文法, 39, 51
活用, 42
活用型, 42
可能, 45
漢語, 42
記号, 53
記号 n-gram, 72
木構造, 98
記号列, 53
規準コーパス, 23
機能語, 76
疑問, 46
キュー, 106

教科書コーパス, 23
均衡コーパス, 78
区, 90
空記号列, 54
句構造, 43
句構造文法, 67
句点, 43
クラス, 100
クラス間スムージング, 28
グラフ, 99
クリーネ閉包, 57
形式文法, 57
形式名詞, 46
形態素, 36, 38
形態素解析システム, 6, 30, 114
形態論, 36
経年変化, 50
形容動詞, 40
系列ラベリング, 6
言語学, 36
言語単位, 36
言語データ, 71
言語モデルの学習, 80
現代日本語書き言葉均衡コーパス, 30, 39
語, 36, 37
構造体, 100
高頻度語, 76
構文解析, 62
構文解析システム, 114
構文論, 36
子木, 98
国際標準化機構, 88
語構成, 36
語構成要素, 36, 38
語種, 42
語順, 49
個人性, 50

子節点, 98
五段活用, 42
異なり, 71
コーパス, 71, 72, 115
固有名詞, 3
語用論, 36
混種語, 42

【さ行】
最短経路探索, 107
最尤推定, 72
子音動詞, 42
使役, 45
辞書順, 113
辞書編纂, 13
時制, 45
自然言語処理, 121
シソーラス, 115
実装, 87
自動トランスリタレーション, 3
シフト JIS コード, 93
修飾語, 43
従属節, 46
従属度, 47
終端記号, 58
主節, 46
主題, 44
述語, 43
受理, 65
条件付き確率, 25, 73
状態遷移, 65
状態遷移関数, 64
助動詞, 40, 41
人工知能, 121
人物の同定, 4
人名フィルタ, 13
スタック, 105
ストップワード, 77

スムージング, 27, 84
正規言語, 60, 67
正規表現, 56
正規表現パターン, 101
正規分布, 30
正規文法, 60
セグメンテーション, 6
節, 36, 46
接辞, 36
設定不良問題, 22
節点, 98
全数探索, 104
相関係数, 29
ソート, 111
ソートアルゴリズム, 112

【た行】
態, 45
第一水準, 90
対数尤度, 26, 84
第二水準, 90
タイプ, 71
タ形, 45
単語, 37
単語 n-gram, 72
探索アルゴリズム, 104
単純マルコフ過程, 80
弾性マッチング, 8
短単位, 39
単文, 46
段落, 48
談話論, 37
置換, 100
地方性, 50
中頻度語, 76
チューリングマシン, 67
長単位, 39
頂点, 99

著者推定, 50, 85
チョムスキーの階層, 67
提題助詞, 44
低頻度語, 76
テキストの難易度, 21
テキストの難易度推定, 19
テクニカル・ライティング, 37, 48
テ形複合動詞, 45
導出, 58
導出木, 59
動的計画法, 9, 108
トークン, 71
トピック・センテンス, 48
トランスリタレーション, 3
取り立て助詞, 43

【な行】
ナイーブベイズ分類器, 26
難易度スケール, 19
難易度の分布, 30
二乗平均平方根誤差, 29
日本語 EUC コード, 92
日本工業規格, 88
日本語学, 36
日本語教育文法, 42
日本語の特徴, 48
根, 98
延べ, 71

【は行】
葉, 98
バイト, 87
バイナリデータ, 87
配列, 97
橋本文法, 39, 51
派生語, 36, 39
ハッシュテーブル, 98
幅優先探索, 106

パラグラフ・ライティング, 48
パレートの法則, 75
判定詞, 41
比較器, 112
比較的長い単位, 38
比較的短い単位, 38
非終端記号, 58
ビット, 87
否定, 46
非文, 55
ビームサーチ, 108
ヒューリスティック探索, 108
表記ゆれ, 49
品詞, 40
深さ優先探索, 105
複合語, 36, 40
副詞節, 47
副助詞, 43
複文, 46
符号化文字集合, 88
プッシュダウンオートマトン, 67
部分木, 98
ブランチング・ファクター, 106
不良設定問題, 16
フルネーム対訳, 13
文, 36, 43
文章, 36
文節, 39, 43
文節係り受け構造, 114
文脈依存文法, 67
文脈自由言語, 61, 67
文脈自由文法, 61
ベイズの定理, 26
並列節, 47
辺, 99
編集距離, 108
母音動詞, 42
方言, 50

補正, 27
補足語, 43
補足節, 46

【ま行】

益岡・田窪文法, 41, 52
マルコフ過程, 80
マルコフモデル, 80
無限集合, 54
無向グラフ, 99
無題文, 44
メソッド, 100
文字, 36, 37
文字 bigram, 24
文字 n-gram, 72
文字コード, 37, 88
文字コードセット, 88
文字コード変換, 95
文字符号化スキーム, 94
文字符号化方式, 90
文字列, 96
文字列照合, 100
モダリティ, 45

【や行】

有限集合, 53
有限状態オートマトン, 64
有向グラフ, 99
有題文, 44
尤度, 26, 84
ユニコード, 93
読み, 113

【ら行】

ラ抜き言葉, 51
リスト, 97
量指定子, 103
隣接頂点関数, 104
ル形, 45
連接, 56, 101
連体修飾語, 43
連体節, 47
連用形複合動詞, 45
連用修飾語, 43
ローマ字記法, 9
ロングテール, 75

【わ行】

和語, 42

著者紹介

佐藤 理史（さとう さとし）

1988 年	京都大学大学院工学研究科博士後期課程電気工学第二専攻研究指導認定退学
1998 年	京都大学工学部電気工学第二教室助手
1992 年	京都大学博士（工学）
1992 年	北陸先端科学技術大学院大学情報科学研究科助教授
2000 年	京都大学大学院情報学研究科知能情報学専攻助教授
2005 年	名古屋大学大学院工学研究科電子情報システム専攻教授
	現在に至る

主要著書

『自然言語処理』（共著，岩波書店，1996 年）
『アナロジーによる機械翻訳』（共立出版，1997 年）
『言語情報処理』（共著，岩波書店，1998 年）
『情報の組織化』（共著，岩波書店，2000 年）
『コンピュータが小説を書く日』（日本経済新聞出版社，2016 年）
『Rudy で数独——AI プログラミング入門』（近代科学社，2016 年）

言語処理学会のご案内

　言語処理学会（英文名：The Association for Natural Language Processing, 略称 ANLP）は，言語処理および計算言語学に関する学際的学問研究の促進をはかり，会員相互間および内外の関連学協会との交流の場を提供し，この分野の学問および産業の進歩発展に貢献することを目的とする学会です．1994 年 4 月 1 日に設立され，2015 年 4 月 1 日に一般社団法人言語処理学会となりました．その主な活動は，会誌『自然言語処理』の発行（年 4 回）と，年次大会（原則として 3 月）の開催です．

　言語処理学会，および，会誌『自然言語処理』に関する最新情報は，下記のウェブページに掲載されています．

学会ホームページ	http://www.anlp.jp/
入会案内	http://www.anlp.jp/guide/admission.html
会誌『自然言語処理』	http://www.anlp.jp/guide/index.html
原稿執筆案内	http://www.anlp.jp/guide/guideline.html

実践・自然言語処理シリーズ
第 1 巻 言語処理システムをつくる
© 2017　Satoshi Sato
Printed in Japan

2017 年 2 月 28 日　初版第 1 刷発行

著　者　　佐　藤　理　史

発行者　　小　山　　透

発行所　　株式会社 近代科学社

〒 162-0843　東京都新宿区市谷田町 2-7-15
電話 03-3260-6161　　振替 00160-5-7625
http://www.kindaikagaku.co.jp

加藤文明社　　　　　　　　ISBN978-4-7649-0532-0
定価はカバーに表示してあります．

近代科学社の人工知能関連書

人工知能とは

監修：人工知能学会
編著：松尾 豊
共著：中島 秀之、西田 豊明、溝口 理一郎、長尾 真、
　　　堀 浩一、浅田 稔、松原 仁、武田 英明、池上 高志、
　　　山口 高平、山川 宏、栗原 聡
A5判・264頁・定価2,400円＋税

深層学習 Deep Learning

監修：人工知能学会
編集：神嶌 敏弘
共著：麻生 英樹、安田 宗樹、前田 新一、岡野原 大輔
　　　岡谷 貴之、久保 陽太郎、ボレガラ ダヌシカ
A5判・288頁・定価3,500円＋税

一人称研究のすすめ －知能研究の新しい潮流－

監修：人工知能学会
編者：諏訪 正樹、堀 浩一
共著：伊藤 毅志、松原 仁、阿部 明典、大武 美保子
　　　松尾 豊、藤井 晴行、中島 秀之
A5判・264頁・定価2,700円＋税

知能の物語

著者：中島 秀之
公立はこだて未来大学出版会 発行
B5変型判・272頁・定価2,700円＋税